キャリア教育に活きる！

センパイに聞く

仕事ファイル

22

鉄道の仕事

鉄道運転士
鉄道運輸指令員
鉄道車両製造
駅弁開発
乗り換え案内サービス
システム開発
鉄道カメラマン

小峰書店

小峰書店 編集部 編著

㉒ 鉄道の仕事

Contents

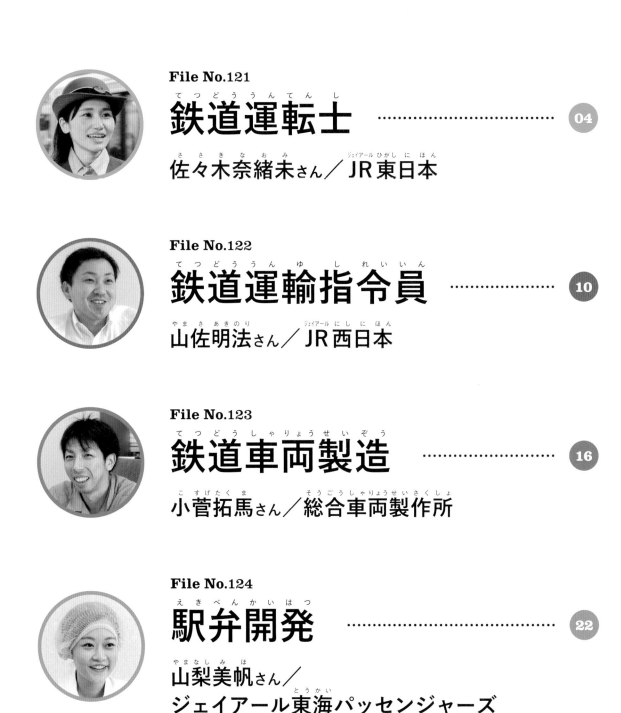

※この本に掲載している情報は、2020年4月現在のものです。

鉄道運転士

Train Operator

JR東日本
佐々木奈緒未さん
入社10年目 31歳

確かな技術と判断力で、
列車を安全・正確に
運行させます

通勤・通学などで、毎日多くの人が利用する鉄道。
日本の鉄道は世界的に見ても時間に正確で、事故
が少ないことで知られています。運転士はどのよ
うなことに気を配り、仕事をしているのでしょうか。
JR東日本の佐々木奈緒未さんにうかがいました。

Q 鉄道運転士とはどんな仕事ですか?

運転士は、列車の運転が仕事です。ひとつの路線を、何人かの運転士が交替で運転していて、出勤時間は、日によってちがいます。乗務前にはその日に運転する列車を確認して、必ず懐中時計の時間を合わせます。運転席で時間を確認するときは、懐中時計を使うのです。また、測定器を使って呼気検査を行い、体調に問題がないか確認します。

ホームに着いたら、私の前に運転を担当していた運転士と引きつぎをして、運転席に乗りこみます。車掌がホームのようすを確認して、問題がなければ出発です。

運転席には、スピードを上げたり、ブレーキをかけたりするレバーがあり、これを操作しながら運転します。列車は、その日の天候や乗客数、線路の状態によって、スピードの上がり方や、ブレーキをかけてから止まるまでの時間が毎回ちがってくるので、その微妙なちがいを見逃さないように、細心の注意をはらわなくてはいけません。

私は、横須賀線や総武快速線、湘南新宿ライン、特急成田エクスプレスといった路線を担当しています。少しの坂やカーブも速度に大きく影響するので、担当区間は線路の形状をすべて記憶しています。

Q どんなところがやりがいなのですか?

私が担当している路線は、毎日数十万人が利用しています。通勤・通学をはじめ、いろいろな用事で利用する人がいて、大勢の人にとって、鉄道は大切な"足"なのだと思うと、「今日もしっかり仕事をしなければ」と、背すじがのびます。

1回の乗務で、数百から数千以上の人が私の運転する列車を利用します。「たくさんの人の大事な命を、私は預かっているんだ」と思うと、責任の重大さを感じますね。

鉄道は安全なことが当たり前であり、時刻通りに運行するものでなくてはいけません。社員全員で、毎日それを実現しようと努力しています。私も、その一員として仕事ができることがやりがいです。

車両の点検は車両検修係員が行うが、始発列車の場合は、運転士も乗務前に、車両を確認する。

測定器に息をふいて測る「呼気検査」。乗務の前に、必ず行う。

引きつぎのようす。運行状況や注意事項について、直前に担当した運転士から報告を受ける。

佐々木さんのある1日

16:00 出社。制服に着がえる
▼
16:30 掲示物や注意事項を確認後、点呼を行う
▼
17:00 乗務開始(途中休憩あり)
▼
00:00 乗務終了
▼
00:30 仮眠
▼
04:30 起床
▼
05:00 車両の点検を行う
▼
06:00 乗務開始(途中休憩あり)
▼
11:00 乗務終了
▼
11:30 会社へもどり、1日の報告を行う
▼
12:00 退社

Q 仕事をする上で、大事にしていることは何ですか？

ひとつひとつの動作にも気をぬかないようにしています。例えば「指差喚呼」といって、信号があると指を差しながら「信号よし」と声に出して確認しますが、つねに、指先までのばすように心がけています。動作をしっかり行うことで、注意力や緊張感を保つことができます。もし、うっかり赤信号を見落として進めば、前の列車に衝突する危険性がありますし、急ブレーキをかければ、お客さまがケガをしてしまう可能性もあります。一度の不注意が大事故につながるかもしれないのです。

駅で停止位置を確認することも欠かせません。列車の車両数は路線によってちがい、それによって停止位置も変わります。まちがえると停止位置を直しているうちに列車のダイヤ※が乱れるので、乗務前には必ず車両数を確認します。

たくさんの乗客の命や時間を預かっているからこそ、毎回同じ確認作業でも、緊張感をもって行います。

指差喚呼を行う佐々木さん。背筋も指先もぴんとのびた、美しい姿勢。乗務中はつねにこの姿勢を保つ。

Q なぜこの仕事を目指したのですか？

就職活動をしていたとき、さまざまな事業を手がけていて、多くのことに挑戦できそうな会社に就職したいと思っていました。いろいろな会社について調べるうち、鉄道会社は、鉄道事業だけでなく、さまざまな分野でビジネスを行っているのがわかりました。JR東日本も、ホテルや、「駅ナカ」という駅構内の商業スペースの運営のほか、鉄道運行のシステムを海外に提供する「海外鉄道プロジェクト」など、はば広く事業を展開していました。JR東日本なら、私が思い描く働き方ができそうだと感じたのです。

就職後、せっかく鉄道会社で働くなら、専門的な技術と知識をもつ仕事がしたいという気持ちが新たに芽生えました。それで、運転士を目指すようになり、資格をとりました。

Q 今までにどんな仕事をしましたか？

JR東日本に入社してから2年間は、駅係員として仕事をしていました。おもに担当していたのは、さまざまな乗車券や特急券、指定席券などを発券する「みどりの窓口」での窓口業務です。きっぷや定期券の販売や払いもどしのほか、券売機に集まった現金を、1日の終わりに集計する締切作業、そして、窓口を訪れるお客さまへのご案内も行いました。

入社3年目から、車掌や運転士が所属する「運輸区」に移って、約2年間車掌として勤務しました。車掌はホームで列車が発着するとき、荷物を列車のドアにはさまれているお客さまがいないか確認したり、車内放送を行ったりして、運転士といっしょに、列車が安全に運行できるように働きます。車掌として経験したことは、運転士になった今も活かされています。

- タブレット端末 -
- 携帯電話 -
- 携帯用ライト -
- 防犯ブザー -
- ぼうし -
- 手ぶくろ -
- 懐中時計 -

PICKUP ITEM

タブレット端末や携帯電話は、異常事態が起こったときに、指令所と連絡をとるために欠かせない。携帯用ライトは、車両の確認を行うとき、暗い部分を照らす。防犯ブザーが車内でトラブルに巻きこまれそうなときに押す。懐中時計は、乗務前に時間を正確に合わせ、運転席にセットする。ぼうしと手ぶくろは乗務するとき身につける。

用語　※ ダイヤ ⇒ダイヤグラムの略。鉄道の運行計画表のこと。ひとつの路線で走るすべての列車の運行を図表にしたもので、時刻、駅、距離、列車の位置が示されている。「ダイヤが乱れる」と言った場合は、運行計画に変更が生じることを意味する。

Q 仕事をする上で、難しいと感じる部分はどこですか?

さまざまな状況に対応しながら、安全で正確に運転することが、とても難しいと感じています。毎日の天候や乗客数の変化を計算に入れるのはもちろん、車いすやベビーカーをご利用のお客さまが乗車するときは、列車を停止させるときに衝撃を起こさないよう、いつも以上に気をつけます。そうやって、列車やお客さまのことを頭に入れつつ、ブレーキのかけ方などを計算するのは、簡単ではありません。

急な機器故障など、予測できない異常が起きる可能性もありますが、そんなときもあわてず、冷静に対応しなければならないのも難しいところです。しかし、車掌や駅係員、指令所※と協力して解決できるので、心強いですね。

仮眠室。業務の合間に、しっかりと仮眠をとることで、集中して運転することができる。眠ることも大切な仕事。

Q ふだんの生活で気をつけていることはありますか?

体調管理に気をつけています。列車は早朝から深夜まで動いているので、運転士の勤務時間帯もさまざまです。前夜から会社の施設に泊まって、始発列車の運転をすることもあります。少し風邪を引いただけでも、割りあてられた勤務をこなせないので、ふだんから夜ふかしをせず、できるだけ運動するなどして体調管理をしています。

また、時計を確認し、早めに行動するように心がけています。列車の発車時刻は秒単位、運転士の出勤時間も分単位で決められています。時刻通りに列車を走らせるためにも、時間を確認するくせをつけることが必要です。

Q これからどんな仕事をしていきたいですか?

JR東日本は、鉄道の輸送サービス以外にも、さまざまな事業を行っているので、いずれは運転士以外の職種や、鉄道業務以外の仕事にも挑戦してみたいです。しかし、まだ運転士になって5年目なので、もっと技術を向上させたいという思いが、今は強いです。

それに加えて、「どんな仕事か」よりも「どのように取り組むか」を考えるようになってきました。それは、妊娠・出産を経験したことが大きかったように思います。今は2歳の子どもを育てながら働いているので、仕事もプライベートもバランスよく取り組むことの大切さを実感しています。JR東日本は、積極的に女性が活躍しやすい環境づくりを進めていて、私以外にも子育て中の女性運転士が増えています。後輩の女性運転士に、自分の経験を伝える仕事もやってみたいと考えています。

鉄道運転士になるには……

鉄道の運転士になるには、「動力車操縦者運転免許」という国家資格を取得しなくてはいけません。しかし、この免許を受験するためには、まずは鉄道会社へ就職する必要があります。「動力車操縦者運転免許」の試験は、国土交通省から依頼され、各鉄道会社によって行われています。約4か月間、養成所で訓練を行ってから、試験に臨むこととなります。

```
    高校            工業高校・高専
     ↓                 │
大学・専門学校            │
     │                 │
     └──→ 鉄道会社に就職 ←──┘
              ↓
         鉄道運転士
```

※ この本では、大学に短期大学もふくめています。

用語　※ 指令所 ⇒路線情報を把握し、安全な運行のために駅係員や車掌、運転士などに指示を出す部署。

Q この仕事をするにはどんな力が必要ですか？

ルールや時間をしっかりと守る力が必要です。列車の運行には、車掌や路線全体の動きを把握する指令所、駅係員、整備を担当する検修係員など、さまざまな人が関わっています。全員が決められたルールを守り、定められたダイヤの通りに動いているからこそ、安全で安定した運行ができるのです。

逆に、ルールや決められた手順を守ることができなければ、大事故を起こしてしまう危険が高くなります。こうしたことをしっかりと理解した上で、当たり前のことに手をぬかず、コツコツと努力できる人が、運転士には向いていると思います。

佐々木さんの夢ルート

小学校 ▶ 通訳

小学2年生から英会話を習っていたので、英語を活かせる仕事がしたいと思っていた。

▼

中学校 ▶ 音楽関係の仕事

エレキギターに出合い、部活の後に欠かさず練習するほど熱中していた。そのため、音楽関係の仕事を夢見た。

▼

高校 ▶ 検察官※

法律に興味をもったため、検察官にあこがれるようになった。大学は法学部へ進学した。

▼

大学 ▶ 鉄道会社

就職活動をするうち、さまざまな仕事に挑戦できる職場で働きたいと思うようになった。そして、鉄道会社に就職した。

Q 中学生のとき、どんな子どもでしたか？

友だちといっしょにいるのが楽しくて、いつもさわいでいる中学生でした。勉強に関しては、特別なことはしていませんでした。ただ、授業はまじめに受けていましたし、テスト前は部屋にこもって勉強しました。

部活はバスケットボール部に所属していました。特別強いチームではありませんでしたが、毎日よく練習していましたね。3年生のときは、副キャプテンとしてキャプテンを支えたり、チームをまとめたりしていました。

そのほかにも、今ふりかえると、子どものころはいろいろなことに積極的にチャレンジしていたと思います。小学2年生のときから英会話を習っていて、通訳になりたいと思っていたので、夏休みを利用してアメリカでホームステイをしたり、介護施設でボランティアもしました。

通っていた英会話の先生と撮った写真。小学2年生から習っていたため、英語は得意だった。

Q 中学のときの職場体験は、どこに行きましたか？

中学2年生のとき、「職場見学」として、地元の中華料理店へ行きました。飲食店に興味があったので、同じ興味をもつ友だちとどんなお店があるのか調べて、自分たちでお店の人に連絡をとって見学をさせてもらいました。

職場体験ではありませんが、私の通っていた中学校では1年生のときから「キャリア教育」をしていました。1年生のときは、世の中にどんな仕事があるのか調べる「職業調べ」をし、3年生のときには「職業インタビュー」として、自分が興味をもつ職業の人に話を聞きました。当時、私はエレキギターが好きで、毎日1～2時間練習していたので、音楽の先生に、プロのギタリストとドラマーを紹介してもらって、地元の音楽スタジオでインタビューをしたんです。その結果をまとめて、授業内の報告会で発表しました。

用語 ※ 検察官 ⇒犯罪を犯した疑いがある人を、裁判にかけるか判断する権利をもつ国家公務員。裁判では、その人が犯罪を行ったことを裁判官に証明し、適切な判決を求める。

Q 職場見学では どんな印象をもちましたか？

中華料理店を職場見学させてもらって、もっとも印象に残っているのは「お客さまの口に入るものをつくっているので、手をぬくことはできない」というお店の人の言葉です。衛生管理に気をつけないと食中毒を起こしてしまい、命に関わることもあるということを知りました。「おいしいものをつくる」以前に、仕事では責任ある行動をとらなければならないということを学べた時間でした。

今、私は運転士として、お客さまの命を守るためにさまざまな努力をしていますが、このとき、お店の方から聞いた言葉と、通じるところがありますね。

Q この仕事を目指すなら、 今、何をすればいいですか？

まず、規則正しい生活を心がけてください。私自身、もともと早起きが得意だったことが運転士に向いている部分だと感じています。そして「遅刻をしない」、「提出物の期限を守る」といった基本的なことをしっかり守れることが、運転士になるには必要だと思います。

勉強では、数学をやっておいた方がよいでしょう。運転士は、つねに頭のなかで計算をしています。例えば、天候と目的地までの距離から、時刻通りに到着するためにはどのくらい加速すればよいのかといったことです。暗算で簡単なかけ算、割り算ができるようにしておくと役立ちますよ。

中学時代の佐々木さん（左）。このころはまだ、将来鉄道の運転士になるとは思っておらず、部活とエレキギターに夢中だった。

運転士はみなさんの当たり前の日常を守り、大切な命を預かる責任重大な仕事です

- 今できること -

ふだんの暮らし

鉄道運転士の仕事は、不注意やミスが許されません。また、緊張感をつねに保ち、時間にも正確でなくてはいけません。こうした力は、学校に遅刻しないことと、忘れ物をしないこと、集中して授業を受けることなど、基本的な生活を送ることできたえられます。

また、安全な運行のためには、注意力も必要です。例えば、毎日同じ場所を掃除していても、日によってよごれ方がちがったり、ものの場所がずれていたりするはずです。そうしたちがいに気がつけるようになりましょう。

 社会 鉄道がどんなところを走っているか知るために、地図や地形図の見方を覚えましょう。また、周辺地域の暮らしに注目し、鉄道の役割を考えてみましょう。

 数学 速度の調整やブレーキをかけるタイミングを計算するのに、数学の基本的な知識は欠かせません。速度の計算などは、すぐにできるくらいにしておきましょう。

 理科 列車の運転は天候に左右される部分も大きいため、気象についての基礎的な知識はしっかりと頭に入れておきましょう。

 体育 乗務中、よい姿勢や集中力を保つために、持久力や筋力をつけておくとよいでしょう。

鉄道運輸指令員

Train Dispatcher

JR西日本
山佐明法さん
入社7年目 30歳

列車の運行を
秒単位で管理し、
お客さまを安全に
目的地に届けます

列車が時刻表通りに駅に着き、目的地まで連れて行ってくれる日本の鉄道。私たちが便利に利用できるのは、指令所で列車の運行を見守り、管理する人がいるからです。JR西日本で運輸指令員として働く、山佐明法さんにお話をうかがいました。

Q 鉄道運輸指令員とは どんな仕事ですか？

鉄道運輸指令員の仕事はおもに列車の運行管理です。

列車の運行管理とは、決められたダイヤ通りに列車を走らせるために管理する仕事です。ダイヤは、列車が安全に走行できるよう、秒単位でつくられているので、1本の列車がおくれると、その後の列車にも影響が出て、いつの間にか大きなおくれにつながります。そのため、運輸指令員はおくれの原因になりそうな異常を見つけたら、指令所から駅係員や列車の乗務員、また担当する部署の人に指示を出して、その原因を取り除いてもらいます。

また、地震や事故など何かの事情で、列車の運行を変えなければならないときは、運転計画を策定するなどの対応も行います。具体的には、走る列車の順番や、運転間隔の変更、運転の取り止め、臨時列車の運転などを考えて、各部署に指示を出す仕事です。台風や大雪などが事前にわかっている場合は、数日前から準備することもあります。

さらに、新しい列車を走らせるときや、新しいサービスが始まるときには、運行ルールの策定にたずさわることもあります。2019年の3月から一部の新快速列車で「Ａシート」という有料座席サービスが始まり、通勤時間でもお客さまがゆっくり座って移動できるようになりました。まったく新しいサービスなので、今までのルールをあてはめることができません。例えば災害時に有料座席サービスをどのタイミングで中止させるかや、中止した場合の料金の払いもどしはどうするかなど、社員が迷わず行動できるように、細かくルールを決めています。

異常事態が起きたときは、手書きでダイヤを作成。「パソコンでもつくれますが、実際に書いてみて気づくことも多いです」

山佐さんのある1日（泊まり勤務）

10:00	出社。点呼をとり、その日に勤務する全員で情報を共有する
▼	
10:10	前日から出社までの運行状況などを引きつぐ
▼	
10:15	担当路線のミーティング。その日に走る臨時列車や、運休する列車など、当日の運転計画を、同じ路線の担当者で共有する
▼	
10:20	運行管理業務
▼	
12:00	ランチ
▼	
13:00	運行管理業務
▼	
15:00	休憩
▼	
15:30	運行管理業務と夜間保守工事の準備 列車の安全な運行のため、終電後の夜間に行われる保守工事への対応方法を打ち合わせして確認する
▼	
19:00	夕食
▼	
20:30	運行管理業務。夜間保守工事の最終打ち合わせを行う
▼	
01:30 ※翌日	旅客列車の営業終了 夜間保守工事への対応と、寝台列車・貨物列車の運行管理業務を行う
▼	
02:10	仮眠
▼	
07:10	起床
▼	
10:00	担当路線のミーティング 運行状況や次の担当者に引きつぐ内容を共有する
▼	
10:10	当日の出勤者へ引きつぎ
▼	
10:15	退社

11

Q どんなところが やりがいなのですか？

列車に乗っているときにふと耳にする、お客さまの「おほめの言葉」に、大きなやりがいを感じます。

「おほめの言葉」といっても、「すばらしい運行管理だったね」などと言ってもらえるわけではありません。「向こうの地域では列車がおくれて大変だったみたいだけど、こっちはおくれていなかったよ」というような会話が、私にとっては「おほめの言葉」なんです。なぜならこの言葉は、ある場所で起きた異常事態の影響を、私たちの地域や列車が受けることなく、管理できた証拠だからです。話しているお客さまには何気ない会話だとしても、運行管理を行う自分にとってはとてもうれしくなる言葉です。

私の仕事場であるJR西日本の大阪総合指令所は、1日約5000本の列車の運行管理を行います。列車を利用するお客さまは1日約300万人にもなるので、自分の仕事が、これだけ多くの人の生活に関わっているのかと思うと、やりがいと同時に大きな責任を感じます。けっして中途半端な気持ちではできません。

Q 仕事をする上で、大事に していることは何ですか？

「安全を最優先すること」と、「お客さまを第一に考えること」の2点を大事にしています。

鉄道会社は列車に乗る多くの人の命を預かっています。私はそのひとりひとりの方に対し、安全で快適に目的地までお届けするお約束をしているのだ、という強い思いで働いています。私は、ふだんお客さまと接することがありません。しかし、直接会って何かすることができないからこそ、よりお客さまのことを考えて仕事をしなければなりません。ひとりひとりの方との「約束」を果たすため、どんな場面でもお客さまの安全を最優先に考えるのが、私の責任です。

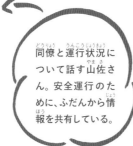

同僚と運行状況について話す山佐さん。安全運行のために、ふだんから情報を共有している。

- ダイヤ -
- 色鉛筆と定規 -
- パソコン -

PICKUP ITEM

ダイヤと呼ばれる運行計画表。運行管理はこれをもとに行う。何か起きたときは、定規を使って色鉛筆で線を引き、計画を立て直す。最終的な整理はパソコンで行う。

Q なぜこの仕事を 目指したのですか？

鉄道には、地域を活性化する力があります。大学生時代、私は、人の暮らしを豊かにする仕事がしたいと思っていました。鉄道会社なら、そんな仕事ができるのではないかと思って、今の会社に就職しました。

鉄道は、地域と地域を結び、人の流れを生み出します。例えば、A駅にショッピングセンターができ、B駅には大きなマンションができたとします。この商業施設と住宅を鉄道でつなげば、人の動きが生まれます。人が集まることでショッピングセンターも、マンションも、より活性化して便利になるんです。JR西日本は営業エリアが広いので、さまざまな地域の生活を、より豊かにするお手伝いができるのではないかと思いました。

Q 仕事をする上で、難しいと 感じる部分はどこですか？

こちらのお客さまに対応すると、あちらのお客さまに不便がかかるといったことがあります。また、運行のルールをつくるときも、ある部署の意見を通すと、ほかの部署の意見が通せなくなることもあります。

一方を優先させると、他方に不便を強いてしまう決断をしなければならないとき、この仕事の難しさを感じますね。

Q 今までにどんな仕事をしましたか?

初めは車両の整備を行う部署で、車両の定期検査を担当しました。自分が整備した車両にたくさんのお客さまが乗るのだと思うと、大きな責任を感じたのを覚えています。また、完全な状態にしてから営業運転に送り出す先輩たちの姿を見て、安全への強い思いを学びました。

その後、「動力車操縦者運転免許」という運転士の資格をとって列車を運転しました。初めて運転をまかされたときのことと、初めて通勤ラッシュで混み合う朝の列車を運転したときのことは忘れられません。1000人以上のお客さまを乗せ、「自分の腕ひとつで、お運びしている」というあの緊張感は、今でも感覚として体に残っています。業務内容が変わっても、自分の仕事の先には多くの人の生活があるということを忘れないための貴重な経験になりました。

Q ふだんの生活で気をつけていることはありますか?

社会は、日々目まぐるしく変わっています。少し前まで何もなかった場所にお店ができて、多くのお客さまでにぎわっていたり、あるものが急に流行したりしますよね。

こうした変化を肌で感じるために、私はふだんから積極的に外に出るようにしています。そして、鉄道サービスでできることはないか、考えるようにしています。インターネットによる情報収集が盛んな時代ですが、実際にふれてみないとわからないことも多いと思うからです。

Q これからどんな仕事をしていきたいですか?

人々の生活にもっと大きな変化をもたらすような、影響力のある仕事をしてみたいです。今ちょうど、JR西日本がサービスを行っている地域には、明るい話題がたくさんあります。2025年には大阪・関西万博※が開かれますし、人気の京都や大阪、神戸をはじめ、多くの観光地は、外国人観光客の増加によって、ますますにぎわっています。これらの地域を訪れる観光客や、そこに暮らしている人たちが快適に過ごせるように、鉄道会社としてできることがいろいろあると思うので、私もそうした事業に関わっていきたいです。

今後は少子化や人口減少によって、鉄道利用者が減っていくことも予想されます。しかし、こうした変化も、地域やお客さまに新たな価値を提供できるチャンスと考え、「人々の生活を豊かにする」という目標の実現につなげていきたいです。

運行管理に関係する担当者と打ち合わせ。新しいサービスのルールについてそれぞれの意見を求める。

鉄道運輸指令員になるには……

運輸指令員は、鉄道会社に就職した後、車両整備の仕事や駅で働く駅係員、列車の運転士など、さまざまな仕事を選んで経験し、社内の試験に合格した人が就ける仕事です。運転士のように国家資格が必要なものを選択した場合は、働きながら取得を目指すことになります。運輸指令員という国家資格はありませんが、鉄道会社内で社内資格を設けている場合があります。

```
        高校
         │
         ├──────────────┐
         ▼              │
   大学・専門学校         │
         │              │
         ▼              ▼
        鉄道会社に就職
         │
         ▼
  駅係員や運転士などを経験 ──→ 鉄道運輸指令員
```

用 語 ※ 大阪・関西万博 ⇒ 2025年に大阪で開催予定の国際博覧会。複数の国が参加し、国やその国の企業が目指す将来について展示する。

Q この仕事をするには どんな力が必要ですか？

私の仕事は、さまざまな部署と連絡を取り合いながら、運行計画をつくったり、ルールを決めたりする仕事なので、コミュニケーション能力は絶対に必要です。

また、今あるルールを、時代や環境の変化に合わせて、新しくするのも運輸指令員の仕事です。そのため、世間が求めているものが何かを見極め、変化をおそれずに改革を進められる力も必要だと思います。

「駅係員や乗務員から入る報告から、お客さまが求めていることをくみとる力も、運輸指令員には必要です」

制服の胸もとに輝くＪＲ西日本のエンブレム。職場である「大阪総合指令所」の名前と山佐さんの名前入りワッペンがついている

山佐さんの夢ルート

小学校 ▶ 鉄道運転士

鉄道が好きだったから。

▼

中学校 ▶ ものづくりに関わる仕事

工作が好きで、自分でつくるもので人々の生活を豊かにしたいと思った。

▼

高校 ▶ 研究開発者

新素材を開発し、世界を豊かにしたいと思った。

▼

大学・大学院 ▶ 研究開発者など

自分の仕事で人々の生活が変化し、社会が豊かになるような仕事を探した。

Q 中学生のとき、 どんな子どもでしたか？

とにかく外に出るのが好きで、晴れた日に室内にいるともったいないと感じてしまう中学生でした。学校から帰ると、とりあえず外に出て、鬼ごっこや魚とりなど、自然を相手にした遊びをしていました。工作も好きで、自分でいろいろなものをつくりました。放課後や休日は遊びたかったので、学校の勉強は学校で終わらせるようにしていました。学習塾には通っていましたが、テスト前や受験勉強をのぞいて、家ではほとんど勉強していなかったです。

部活はソフトテニス部で、練習に熱中しました。社会人になった今は、硬式テニスをしています。また、中学2年生の後半から、生徒会執行部で生活委員長をして、文化祭や体育祭の企画にたずさわりました。体育祭では生徒全員でソーラン節※に合わせておどることになり、生徒会のメンバーが、お手本を見せることになったため、みんなで必死に覚えたのはよい思い出です。

テニス部のときは表彰状をもらう成績も残した。「でもじつは、順位はよく覚えていないんです……」

用語　※ソーラン節 ⇒ニシン漁で歌われていた北海道・日本海沿岸地域の民謡。網ですくい上げるときに歌われる「沖揚げ音頭」のひとつ。

Q 中学のときの職場体験は、どこに行きましたか？

中学2年生の秋に、5日間職場体験に行きました。体験先はクラスで話し合って職種を決め、先生が具体的な行き先を決めてくれたように記憶しています。

私の体験先は、ショッピングモールに入っている鮮魚店でした。初めは魚をふくろづめにしたり、商品ケースに並べたりなど、商品を販売するための準備を手伝い、慣れてきた後半の2日間は、接客も手伝わせてもらいました。

Q 職場体験ではどんな印象をもちましたか？

職場体験に行く前は、「接客してものを売る仕事」としか、思っていませんでした。でも体験してみると、店頭に並ぶまでの、お客さまに見えないところで行う仕事の多さにおどろきました。魚をさばいたり、パックにつめたりなど、さまざまな準備があるんです。お店の裏でがんばる人がいるからこそ、便利に買い物ができることがわかりました。

だれかに何かをする直接的なサービスではなくても、人に喜ばれるサービスはあるという今の私の考え方は、このころ生まれたものです。ずっと心に残っていて、進学先や就職先を決めるときにも参考になったように思います。

Q この仕事を目指すなら、今、何をすればいいですか？

どんな業種でもそうだと思いますが、仕事をしていると壁にぶつかることが必ずあります。そんなとき、解決の糸口となってくれるのが「経験」です。中学生時代は時間もありますし、自分の興味も変化しやすい時期ですから、いろいろなことができるときだと思います。ですから、少しでも興味をもったらとりあえずやってみて、おもしろそうなら、本格的に取り組んでみてください。おもしろくなければ、やめればいいだけのことです。

また、できるだけ多くの人と接して、自分にない考えや経験、知識を得るとよいと思います。

日本が世界に誇る安全で正確な運行は鉄道会社で働く私たちとお客さまとの約束です

－ 今できること －

ふだんの暮らし

運輸指令員は、列車の運行を管理し、トラブルが起きたときは、すばやく対応しなければなりません。また、新しく何かを始めるときのルールづくりも仕事です。

文化祭や体育祭などの行事では実行委員に挑戦し、イベントの進行や、トラブルが起きたときの対策などを考えてみるとよいでしょう。自分の決断が人にあたえる影響と、責任の重さについて学ぶチャンスです。

また、運輸指令員は列車を時刻通りに動かす仕事です。遅刻はしないなど、時間を守ることにも気を配りましょう。

国語

列車の運行がおくれるときは、関係する部署に的確な言葉で指示を出す必要があります。情報を正確に伝えられるようになるには、語彙力が欠かせません。本を読み、多くの言葉にふれましょう。

数学

運輸指令員はダイヤグラムという図表になった運行計画表を自分でもつくらなければなりません。縦軸と横軸からなるグラフを読み解くことや、時間や速度の計算が難なくできるように勉強しましょう。

理科

運輸指令員は、鉄道に関して多くの知識が必要です。運動とエネルギーの分野を学び、列車が動く仕組みを理解しておくと、異常時の対応などに役立つでしょう。

File No.123

鉄道車両製造

Railcar Builder

総合車両製作所
小菅拓馬さん
入社14年目 31歳

自分がつくった電車に今日も多くの人が乗車しています

日本で鉄道を利用している人は、のべ人数で年間約250億人もいます。それだけ多くの人を乗せて走る鉄道車両は、どのようにつくられているのでしょうか。電車の原動力となる電気配線の取りつけを担当する、小菅拓馬さんにお話をうかがいました。

Q 鉄道車両製造とはどんな仕事ですか？

みなさんがふだん乗る電車には、床下に車両を動かすための車輪や、車輪を動かすためのモーター※などをのせた「台車」と呼ばれる部分があります。そうした台車や、電車内につけられているライト、エアコンといった装置は、すべて電気で動いています。

私の仕事は、それら電気機器につなぐ電線を、図面を見ながら取りつけて、電車が安全に走れるようにする「艤装」という作業です。

車両製造は、どんな作業工程でも安全面を考え、チームで作業を行うのが基本です。とくに私の行っている艤装は、数十kgから数百kgにもなる重い電線の束をあつかっているので、何人かで協力しなければ持ち上げることもできません。総合車両製作所の艤装課では、製造作業者を作業工程に合わせて6つの班に分け、仕事にあたっています。私がいる艤装の班では約30名が働いていて、私はその班長をしています。

班長としての仕事は、班員の勤務管理をしたり、作業の進め方を決めて指示を出したりすることです。作業の進め方は、車両全体の設計図から、自分の班が行う部分だけをぬきとった図面をつくり、それを見ながら決めていきます。

Q どんなところがやりがいなのですか？

世の中の人に、自分の仕事の成果である鉄道車両に乗ってもらえることです。自分のつくった車両がお客さんの生活に役立てられているというのは、すごくやりがいがあります。また、新型車をつくるのもワクワクします。まだ世の中に出ていなくて、人々に知られていない車両をつくっているんだなと思うからです。

また、班長としてのやりがいもあります。通勤電車に使われるような車両をつくる場合だと、私の班が行う作業に割りあてられる日数は、1両につき1日か2日くらいです。しかも、今日はＡという鉄道会社の車両、明日はＢという鉄道会社の車両というように、車両の形がちがうので、作業内容も変化します。ときには同時にまったくちがうふたつの車両をつくることもあります。ミスや混乱が起こりやすいなか、私のつくった作業工程表が役立てられ、順調に作業が進んでいくのを見ると、思わずガッツポーズをしたくなります。

作業が順調なときというのは、班員のやる気も上がります。やる気が上がると、さらに作業効率も上がり、とてもよい雰囲気が班のなかに生まれます。そうした班をつくり上げることは、班長としてのやりがいです。

小菅さん（前列中央）と、小菅さんが率いる班の班員。海外からの技能実習生もいて、国際色豊か。

班長になると、作業工程表をつくったり、作業報告書をまとめたりとデスクワークも多い。

小菅さんのある1日

07:00 出社。メールのチェックや1日の予定を確認する
▼
08:00 班の朝礼。班員と今日の作業工程などを確認する
▼
08:30 会議用資料と作業工程表の作成
▼
10:00 社内会議。自分の担当する班の仕事の進み具合や、班員から出ている要望などを報告する
▼
12:00 ランチ
▼
13:00 工場で、班員といっしょに作業
▼
15:00 作業工程表の作成と、事務作業
▼
17:00 退社

用語 ※ モーター ⇒ 電気エネルギーを、ものを動かす力に変換する電動機のこと。電車は歯車の形をしたモーターが電気によって回ることで、その先につないだ車輪も回転する仕組みとなっている。

Q 仕事をする上で、大事に　　　　していることは何ですか？

　細かい部分ほど、ていねいに作業をすることです。私が関わる艤装（ぎそう）は、車両づくり全体で見るとごく一部の作業です。しかし、もし配線に問題があると、鉄道の運行に直接影響（ちょくせつえい）する重要な部分です。だからこそ、ていねいな仕事が求められます。

　例えば、配線作業では、決められたパイプに電線を通して設置（せっち）します。このとき、パイプにそのまま電線を通すと、内側のざらつきなどで電線に傷（きず）がついてしまうことがあります。そのため、必ず保護（ほご）するオイルのような薬品をパイプのなかと電線にぬってから通しています。手間はかかりますが、ひとつひとつ、とにかくていねいな仕事をすることが大切です。自分の班（はん）の若手（わかて）の班員（はんいん）にも、必ずそう伝えています。

電線に、専用（せんよう）のハケで保護用（ほごよう）の薬品をぬる小菅（こすげ）さん。このひと手間で、電線が傷つくのを防（ふせ）ぐことができる。

Q なぜこの仕事を　　　　目指したのですか？

　学生時代は自動車整備士（じどうしゃせいびし）※を目指していました。ただ、自動車整備士（どうしゃせいびし）は高校卒業後、さらに専門学校（せんもんがっこう）に通う必要があると知り、高校を卒業してすぐに働ける場所を探（さが）して、鉄道車両をつくる今の会社を選びました。

　目指したきっかけは、高校時代の友だちが、一足先に救急車（きゅうきゅうしゃ）や消防車（しょうぼうしゃ）などを製作（せいさく）する会社への就職（しゅうしょく）が決まり、仕事内容（ごとないよう）を聞いたことです。話を聞きながら、私も自分のつくったものを人に見てもらえる仕事がしたいと思うようになりました。同じつくるなら大きいものをつくりたかったので、大型の船をつくる会社か、鉄道車両をつくる会社で悩（なや）みましたが、より身近な鉄道車両を選びました。

Q 今までに　　　　どんな仕事をしましたか？

　入社して3か月間はさまざまな部署（ぶしょ）を見てまわりました。そのとき、先輩（せんぱい）から車両づくりのポイントや、作業の効率的（こうりつてき）な進め方をていねいに教えてもらい、とてもよい勉強になりました。その後、その先輩が、今私の働いている部署で班長（ちょう）になることが決まり、私は部下として同じ班（はん）で働くことになりました。それ以来ずっとこの部署（ぶしょ）で働いています。

　自分が製造に関わった車両はたくさんあります。北陸新幹線（かんせん）で走っているE7系（イーけい）という車両のほかには、タイのバンコクの地下鉄で使われている車両の一部にもたずさわりました。最近の電車だと、東京都の新宿（しんじゅく）・東京（とうきょう）と長野県の松本（まつもと）の間を走るJR東日本（ジェイアールひがしにほん）の特急列車「あずさ」（E353系（けい））や、東京都と神奈川県の間を走る、東急田園都市線（とうきゅうでんえんとしせん）の2020系新型通勤車両（しんがたつうきんしゃりょう）などがあります。

・ゴーグル・

・メジャーと工具・

・ヘルメット・

PICKUP ITEM

工場内では、頭を守るヘルメットと、目を守るゴーグルを着用。ヘルメットには前方を照らすライトがついている。メジャーと、工具のペンチやドライバーは配線作業で使用。油性（ゆせい）ペンは、車両全体の設計（せっけい）図（ず）の中から自分の担当（たんとう）する場所をマークするのに使用。作業の順番などで色分けもしている。

・油性（ゆせい）ペン・

　用語　※自動車整備士（じどうしゃせいびし）⇒自動車の点検（てんけん）や修理（しゅうり）、整備（せいび）などを行う人で、国家試験を受けて取得（しゅとく）する国家資格（こっかしかく）のひとつ。1級から3級まである。

Q 仕事をする上で、難しいと感じる部分はどこですか?

人を育てることの難しさを感じています。班長とはいえ、私自身もまだ人から学ぶことが多く、どう班員を育てていくか、班員の不満にどう対応していくべきか、つねに試行錯誤しながら学んでいます。

若い世代はおおむね、指示をすればきちんと仕事をしてくれます。その一方で、指示以外でやれることを自分で見つけて動くことがまだ苦手です。そのため、私は彼らがやった仕事については、ほめた上で、気がついてほしかったことや、より効率的な方法を伝えるようにしています。ただし、安全に関わる部分や、絶対にしてはいけないことは、誠意をもってしっかり指導しなければと思っています。

Q ふだんの生活で気をつけていることはありますか?

当然のことですが、遅刻しないようにすることです。新人時代、私はまだ学生気分がぬけなくて、昼休憩が終わっているのに、ひとり疲れて寝てしまい、業務の再開に気がつかず遅刻してしまったことがありました。先輩にはもちろんしかられました。私はもともと朝が弱く、学生時代は遅刻も多かったのですが、そのとき厳しくしてもらったおかげで、社会人としての意識をしっかりもつようになりました。

それ以来、ふだんでも規則正しく生活するように気をつけています。また、班長になってからは、班員の見本となるように、早起きして、始業時間より1時間早く出社するようになりました。

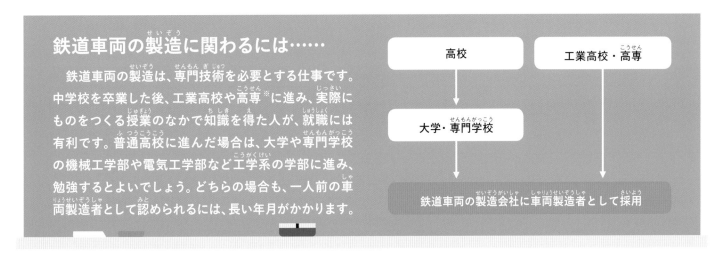

班員からの信頼も厚い小菅さん。「若い世代には、わからないことがあれば、どんどん質問してほしいと伝えているんですよ」

Q これからどんな仕事をしていきたいですか?

班員の要望や不満にはきちんと耳をかたむけ、ときには職場で改善すべきことを会社に提案していけるような、頼もしい班長になりたいです。そして、よりよい車両づくりのために、班全体の技術力向上を目指したいと思っています。

また、新幹線や海外向けの鉄道車両などを、もっとつくってみたいです。そのためには、うちの会社が今以上に実績を残すことがもっとも近道だと考えます。「総合車両製作所でつくられた車両は、ていねいにつくられているな」と思ってもらえるように、目の前にある仕事にしっかりと取り組んでいきたいです。

鉄道車両の製造に関わるには……

鉄道車両の製造は、専門技術を必要とする仕事です。中学校を卒業した後、工業高校や高専※に進み、実際にものをつくる授業のなかで知識を得た人が、就職には有利です。普通高校に進んだ場合は、大学や専門学校の機械工学部や電気工学部など工学系の学部に進み、勉強するとよいでしょう。どちらの場合も、一人前の車両製造者として認められるには、長い年月がかかります。

```
[高校]          [工業高校・高専]
   ↓
[大学・専門学校]
   ↓                ↓
[鉄道車両の製造会社に車両製造者として採用]
```

用語　※ 高専 ⇒ 高等専門学校のこと。技術者の養成を目的とした、5年一貫教育の学校。

総合車両製作所がつくった、日本初のステンレス車両。新しいことに挑戦する会社の姿勢に、小菅さんも刺激を受けている。

Q 中学生のとき、どんな子どもでしたか？

　小学生時代にサッカーをやっていたので、中学校でもサッカー部に入りました。ただ、サッカー部の顧問の先生とそりが合わず、部活はすぐに辞めてしまいました。

　一方、学校行事の体育祭や合唱祭は大好きでした。みんなの前で何かをすることが好きだったんです。合唱祭では、パートリーダーを担当して、みんなに「ちゃんとやろう！」と声をかけていました。また、クラスでは書記をしていました。どの学校にもいると思いますが、勉強はイマイチだけど、スポーツや行事ではがんばる「目立ちたがり屋」でしたね。

学校行事ではリーダーをつとめることが多かった小菅さん。目立つ存在で、学校内の人気者だった。

Q この仕事をするにはどんな力が必要ですか？

　あつかう機器は、電線の束など、ひとつが数十kgから数百kgにもなるものばかりですから、まずは体力が必要です。私の班には若い班員が多いのですが、その理由は、体力がいる仕事だからにほかなりません。

　次に必要なのは、大きな声が出せることと、コミュニケーション能力です。重いものを持ち上げたり運んだりするときは、必ずだれかと組み、息を合わせて行うので「声出し」は重要です。はずかしがって小さな声しか出せないと、組んだ相手に聞こえず、場合によっては事故につながってしまいます。また、かけ声をかけるということは、相手の意思を確認する手段です。学生時代ははずかしくてコミュニケーションが苦手な人も多いですが、ふだんから声を出してあいさつをする習慣をつけると、少しずつできるようになっていきます。

　班長を目指すなら、積極的に学ぶ姿勢が必要です。私もとりましたが、実務作業を３年行うと、国家資格の鉄道車両製造・整備技能士という資格試験が受けられます。自分の技能を証明してくれるものなので、とっておくとよいです。

人を乗せる鉄道車両は安全が第一。そのため、班員の作業に問題はないか確認するのも、技術をもつ班長の大切な仕事。

小菅さんの夢ルート

小学校 ▶ 大工
父親が建築関係の仕事で、自宅に来る大工職人が、かっこよかったから。

▼

中学校 ▶ 大工・自動車整備士
大きなものを自分でつくったり、修理したりする仕事がしたかった。

▼

高校 ▶ 自動車整備士
中学時代の職場体験で仕事内容を知り、自分にはできそうにないと思ったがあこがれていた。

Q 中学のときの職場体験は、どこに行きましたか？

初めは職場体験についてあまり興味がなかったのですが、せっかく行くのであれば少しでも興味があるものにしようと、友だちとふたりで地元の自動車整備工場へ行きました。偶然だったのですが、その自動車整備工場は、別の友だちの両親が経営している工場でした。

Q 職場体験ではどんな印象をもちましたか？

自動車整備工場というのは、不具合のある自動車を直すところです。具体的には、車が動かなくなった原因をつき止めて直したり、へこみや傷を、補修してきれいに直したりします。私が挑戦させてもらったのは、へこんでしまった車のバンパー※に、パテと呼ばれる補修材を盛って、平らになるまでけずっていく作業です。簡単そうに見えるのに、実際にやってみると複雑で難しく、自分には無理だとショックを受けたのを覚えています。

また、この職場体験を通して初めて、私も将来仕事をしなければいけないんだと感じました。それまで、大人になったら仕事をするとわかっていても、どこか他人事だったので、将来を考えるよいきっかけになったと思います。

Q この仕事を目指すなら、今、何をすればいいですか？

サッカー部をすぐに辞めた私が言うのは何ですが、部活動はやっておいた方がよいと思います。グループでひとつのことを行う部活は、コミュニケーション能力をきたえてくれますし、視野も広がります。班で作業をしている今の仕事にも通じるところがあるので、よい経験になるはずです。

じつは、私の仕事のサポートをしてくれている若い班員も、高校時代は野球部のキャプテンだったそうです。彼は、とてもよくやってくれています。

グループのなかで協調性を養い、同時に集団のなかでも、うもれない個性をみがけたら最高ですね。

世の中で活躍する電車の見えないけれど欠かせない大切な部分を私がつくっています

－ 今できること －

ふだんの暮らし

鉄道車両の製造には、何年もかかってようやく習得できる技術が数多くあります。そのため、失敗しても投げ出さない忍耐力と、最後までやりとげる責任感は不可欠です。勉強や部活動など、自分がこれだと思うものを決めたら、最後までやりきる努力をしましょう。

また、工場見学などに参加して、作業員の働くところを見てみるのもおすすめです。つくるものや作業内容はちがっていても、製造の現場のようすを知ることができるはずです。

 国語

車両製造の工場では、仲間と協力して行う作業が多数あります。本を読み、相手の立場や考え方を想像して動く力をみがきましょう。

 理科

鉄道車両の製造では電線を機械に通す作業など、電気をあつかう場合があります。電流の分野を学び、電流と電圧の関係を実験を通して理解しましょう。

 体育

工場での仕事は、ときに重労働がともないます。安全に作業を行うためにも、持久力と筋力をつけましょう。

 技術

さまざまなものづくりを経験しましょう。つくりながら工具や機器のあつかい方などを学び、イメージしたものをかたちにできるよう、技術をみがきましょう。

用語 ※ バンパー ⇒ ぶつかったときの衝撃を和らげて、なかのものや人を守るライト下のとび出た部分。自動車では前方と後方についている。

駅弁開発

Bento-Boxes Developer

ジェイアール東海
パッセンジャーズ
山梨美帆さん
入社7年目 28歳

東海道新幹線で
売られている駅弁は
私たちが考えています！

駅や列車のなかで販売されている駅弁は、おいしくて、旅をよりいっそう楽しくしてくれます。そんな駅弁の商品開発を、ジェイアール東海パッセンジャーズで行っている、山梨美帆さんにお話をうかがいました。

Q 駅弁開発とは どんな仕事ですか？

ひとことで言うと、駅弁の新商品を考える仕事です。

ジェイアール東海パッセンジャーズは、駅弁、サンドイッチ、おにぎりなどをつくって、東海道新幹線の列車内や駅で販売しています。駅弁は約20種類あり、それぞれ、東京都、愛知県、大阪府にある工場で毎日つくっています。その数は、例えば東京工場だと、1日約1万個ほどで、東京駅、品川駅、新横浜駅で販売しています。

お客さんが新幹線に乗る理由はさまざまです。楽しい旅行の人もいれば、仕事のために乗っている人もいます。どんな理由で乗っていたとしても、新幹線の席に座り、流れていく景色をながめていると、自然と気持ちが盛り上がると思います。そんな特別な時間を、さらに楽しくするのが駅弁です。楽しい気分をこわさないように、味のよさはもちろん、盛りつけや容器にまで細かく気を配って、新しいお弁当の開発を行うのが、私の役目です。

気をつけるのは、味や見た目だけではありません。まず何よりも重要なのは、安心して口にできる「安全な駅弁」であることです。食中毒を起こさない食材や調理法を選ぶことは、開発者としてもっとも気をつけているところです。どの商品も、発売される前に会社とは別の検査機関が行う細菌検査で専門的なチェックを受けます。これに合格して初めて駅弁として販売することができるんです。

Q どんなところが やりがいなのですか？

新幹線に乗ったとき、お客さんが駅弁をおいしそうに食べているのを見かけると、この仕事に就いた喜びを感じます。

企画した駅弁がお店に並ぶまでには、だいたい半年くらいかかります。駅弁の中身を考え、試作をくりかえし、つくった料理に細菌が発生しないかといった検査に、合格しないといけません。さらに、食材は安定して仕入れられるか、工場でスムーズにつくることができる調理法か、容器は駅の売店に置けるサイズかなど、解決しないといけない問題がさまざまあり、大変な作業です。

それでも、販売スタッフを通じてお客さんの「おいしかった」という声を聞くと、とてもうれしくて、次の駅弁づくりへの意欲につながります。

沿線の名産をつめこんだ、人気の駅弁、「東海道新幹線弁当」

東京特産の江戸甘みそを使った「江戸甘からあげ弁当」

人気の新幹線車両が駅弁になった「ドクターイエローランチボックス」

山梨さんのある1日

08:45	出社。メールのチェックや、その日にやることの確認をする
09:00	朝礼。報告することがあれば伝える
10:00	新商品に入れる料理の試作
12:30	ランチ
13:30	部内ミーティング。試作した駅弁を食べてもらい、意見を聞く
16:00	資料作成。試食で出た意見をもとに、改良点をまとめる
17:30	退社

Q 仕事をする上で、大事にしていることは何ですか？

人との会話やつながりを大切にしています。なぜなら、新商品の開発は、いろいろな人の協力がないとできない仕事だからです。例えば、私のことをまったく知らない人に、急に難しいお願いをしても、相手はとまどうだけだと思います。ですから、ふだん関わりのない人とも元気よく笑顔で接し、自分のことを知ってもらうと同時に、相手のことも覚えるように心がけています。私の勤務地は東京ですが、愛知や大阪の工場に出張で行くときは、できるだけ多くの部所に顔を出して、あいさつしています。

また、ただニコニコするだけでなく、自分の意見や思いをはっきり伝えることも大事です。自分の真剣さを伝えることで、相手からも信頼してもらえるからです。

試作は、調味料の分量や、煮たりゆでたりした時間をメモしながら行う。つくりながら、同僚と意見交換をすることもある。

Q なぜこの仕事を目指したのですか？

私は中学生になるまで、ひどい偏食でした。野菜はまったく食べられず、食べられるものを数えた方が早かったくらいです。でも、中学生になって、友だちとファミリーレストランなどで楽しく食事をするうちに、少しずつ、苦手だった野菜が食べられるようになっていきました。もともと食わずぎらいだったのかもしれません。今では偏食もなくなり、何でもおいしく食べられます。

こうした経験もあって、食を通じて、多くの人に喜びを伝えられる仕事がしたいと思うようになりました。食に関わる会社はたくさんありますが、そのなかでも、ジェイアール東海パッセンジャーズは、「旅」という特別な時間のなかで食を提供しています。旅行客に感動してもらえるような、そんな仕事がしたいと思い、この仕事に決めました。

Q 今までにどんな仕事をしましたか？

入社後すぐにあった新入社員研修では、東海道新幹線の車内で商品を売る「販売パーサー」の仕事や、工場での駅弁製造などを経験しました。

その後、衛生管理の担当となり、衛生意識を高くもつことの重要性を学びました。建物に入るときは、髪の毛が落ちないようにヘアキャップをかぶり、粘着クリーナー、いわゆる「コロコロ」を体中にあてて、ほこりなどを取り除き、くつは内ばきにはきかえ、粘着マットの上を歩いてよごれをとります。実際に駅弁をつくる場所では、手洗いはもちろん、あつかう食材や作業内容が変わるたびに手ぶくろをかえます。衛生管理を徹底することで、私たちは責任をもって駅弁の開発をすることができるんです。

衛生管理への意識はとても大切。「食材以外はきたないもの。そのくらいの意識でいます」

Q 仕事をする上で、難しいと感じる部分はどこですか？

自分の意見を、相手も納得するような言葉で伝えるのが難しいです。どんなに自分がよいと思ったアイデアも、相手が納得する理由を示さなければ採用されず、新商品にできないんです。

私は駅弁以外に、一般向けのお弁当も開発していて、以前高齢の女性が多く集まるイベントで配られるお弁当を担当したことがありました。私はその年代の女性が何を好んで食べているのかを調べ、祖母が喜んでくれそうなメニューを考えたのですが、企画会議で発表しても、よい反応が得られませんでした。それまでお弁当といえば、ボリュームのあるメニューが当たり前だったからです。でも私はそこで引かず、その料理を選んだ理由を、ひとつひとつ説明しました。すると、反対していた人も納得してくれたのです。できあがったお弁当は、お客さんからも喜んでもらえました。

根拠を示しながら、言葉で説明することができれば、まわりは協力してくれるのだと、そのとき実感しました。

Q ふだんの生活で気をつけていることはありますか？

食に関わる仕事のため、体調管理はとても大切にしています。熱があったり、お腹が痛かったりしたら、食中毒防止のために会社の規則で出社することができません。また、食中毒を起こしやすい食べ物は食べないという規則もあります。

こうしたルールを守りながら、心身ともに元気でいられるよう気をつけて生活しています。休みの日には、外に出て体を動かしたり、散歩をしながら景色を楽しんだりなどして、心と体を休ませます。また、仕事以外に楽しみを見つけるのも大切だと思っています。心のリフレッシュになり、仕事をする意欲につながるからです。

建物の外に少しでも出たら、新しいヘアキャップに交換し、ほこりを取り除く。床には粘着マットがしきつめられている。

Q これからどんな仕事をしていきたいですか？

ジェイアール東海パッセンジャーズが目指している「感動を呼ぶ心のこもったお弁当」を、自分の手でひとつでも多く生み出していきたいです。そしていずれは、季節限定の駅弁を手がけたいです。季節限定の駅弁というのは、ポスターやパンフレットの表紙にも出る、会社いちおしのお弁当です。これをまかせてもらえる開発者になることが、今の私の大きな目標ですね。

● 包丁 ●

PICKUP ITEM

包丁は清潔に保つために、食材を切るたびにすぐ洗う。油性のカラーペンは、調理した食品を細菌検査に出すとき、どの容器がどの料理か、ひと目でわかるよう色分けするための道具。

● カラーペン ●

駅弁開発に関わるには……

駅弁開発者の多くは、大学を卒業後に鉄道会社が運営する食品メーカーや、弁当メーカーに就職しています。入社に必要な資格はありませんが、栄養士※の資格があると仕事の役に立ちます。資格のとれる大学や専門学校で、食について学んでおくとよいでしょう。地域の特色を活かした駅弁づくりを目指すなら、地域産業について学べる学部に進むのもよいでしょう。

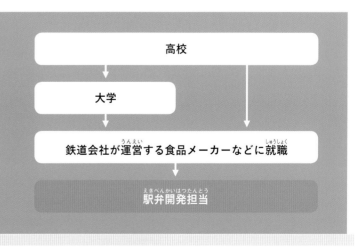

高校
↓
大学
↓
鉄道会社が運営する食品メーカーなどに就職
↓
駅弁開発担当

用　語　※ 栄養士 ⇒学校や食品メーカーなどで、栄養指導や献立作成などを行うことができる国家資格。栄養士を養成する専門学校か、栄養士養成課程のある大学を卒業すると取得できる。

Q この仕事をするには どんな力が必要ですか？

食への興味はもちろん、ほかにもいろいろなことに興味をもち、流行に敏感であることが必要だと思います。

私自身、開発の仕事にたずさわるようになってからは、コンビニやデパートの食料品売場を、以前よりも意識して見るようになりました。今何が売れているのか、どんなものに行列ができているのかなどを見るんです。食べ物に関係ないものでも、流行しているものはチェックするようにしています。駅弁のメニューにそのまま取り入れられるものは少ないですが、アイデアに行き詰まったとき、役立つことがあるからです。

また、外で食事をしているときにアイデアが生まれることもあるので、たまに外食もしています。

料理のメニューを考えたり、会議に出す資料をつくったりなど、駅弁の開発はパソコンでの作業も多い。

Q 中学生のとき、どんな子どもでしたか？

とても元気な中学生で、通知表には「明るく元気」、「声が大きい」とよく書かれていました。自分ではわりと緊張しやすい方だと思っていたのですが、友だちには「人見知りしないよね」と言われていました。

部活動では合唱部に所属し、全国大会に出場したこともあります。得意科目は数学で、国語には苦手意識がありました。学校の宿題のほか、塾にも通い勉強はそれなりにコツコツと取り組む方だったと思います。

また、将来のことを考え始めたのも中学生のころでした。私の場合は、部活でも勉強でもなく、友だちとファミリーレストランへ行ったのが楽しくて、食に関わる仕事をしたいと思うようになりました。どんな経験も将来につながる可能性があって、むだにはならないということですね。

山梨さんの夢ルート

小学校 ▶ パン屋さん

食べ物の好ききらいが多かったが
パンは好きだった。

▼

中学校 ▶ 看護師

看護師として働く母の姿を見て
自分も同じ道に進みたいと思った。

▼

高校 ▶ 看護師・管理栄養士※

食に興味をもつようになり、
医療と食の両方に関わる仕事である
管理栄養士を目指した。

▼

大学 ▶ 管理栄養士・会社員

管理栄養士の資格はとったが、
スーツを着て、きれいなオフィスで働くような
会社員にもあこがれていた。

友だちといっしょにいることが楽しくて仕方なかった中学生時代。「合唱部で全国大会まで行けたのも、よい思い出です」

合唱部で使っていた楽譜。書きこみの多さは、努力の証。

用語　※ 管理栄養士 ⇒高度な知識や技術をもとに、病院や福祉施設などで食事や栄養について指導する国家資格。栄養士とちがい、障がいをもつ人や病気の人向けに食事や栄養について指導することができる。

Q 中学のときの職場体験は、どこに行きましたか？

近所の老人ホームに行きました。お年寄りの人たちと話をしたり、いっしょにものをつくったり、施設の清掃をお手伝いしたりしました。また、いっしょに行った友だちと歌を披露しました。母がデイサービス※の看護師をしていて、もともと興味がある場所だったので、意気込んでいた記憶があります。

Q 職場体験ではどんな印象をもちましたか？

働くというのは簡単ではないというのが、いちばん強く残った印象です。

老人ホームの仕事は、自分の祖母と遊ぶように楽しんで接すればよいのだろうと、簡単に考えていました。でも実際は、お年寄りはひとりひとり性格がちがうため、どのように接すれば喜んでもらえるのかがわからず、悩みましたね。

母が同じような福祉施設で働いていたので、母のふだんの仕事も知ることができました。「家でも掃除しているのに、仕事でも掃除をしているなんて、大変だな」と感じ、母のことなら何でも知っていると思っていましたが、仕事場での母の苦労は、わかっていなかったんだと気づかされました。

Q この仕事を目指すなら、今、何をすればいいですか？

「興味をもったことにとことん取り組む」、「友だちとたくさん遊ぶ」、このふたつを意識してください。

個人的には部活動をおすすめします。集団生活での人間関係を経験し、時間を守ることの大切さや目標に向かって取り組む姿勢などは、仕事でも役立ちます。私自身、練習がつらくて辞めたいと思うことも多かったですが、続けてよかったと、今になってしみじみと感じています。努力が報われる喜びや、達成できなかったくやしさなど、さまざまな感情も経験しておいてほしいです。社会人になったとき、あのときの経験が活きていると感じる瞬間は必ずあります。

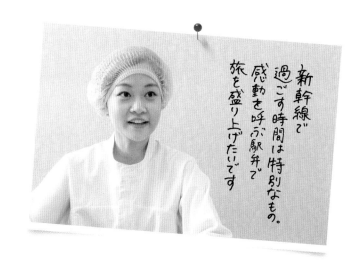

新幹線で過ごす時間は特別なもの。感動を呼ぶ駅弁で旅を盛り上げたいです

－ 今できること －

ふだんの暮らし

食べる人が喜ぶ駅弁を生み出すためには、味や栄養、見た目などさまざまな要素が必要です。自分の学校が給食の場合は、献立表を見て、食材がどう利用されているのか、栄養バランスがどうとられているのかを考えてみましょう。弁当持参の学校の人は、自分で味や栄養バランスを考えて弁当づくりに挑戦してみましょう。調理してすぐに食べたときの味と、弁当につめ、時間をおいて食べたときの味のちがいなど、つくってみて初めて気がつくことがたくさんあるはずです。

国語
企画は、ほかの部門の人にも理解してもらい、協力が得られなければかたちにできません。語彙を増やし、説得力のある文章が書けるようになりましょう。

社会
駅弁に県の特産品を使ったものが人気です。さまざまな地域の特色や、生産物を学びましょう。

美術
駅弁は、思わず手にとりたくなる見た目も重要な要素のひとつです。絵画制作や作品づくりを通して、ものの色やかたちがもたらす効果を知りましょう。

家庭科
品質はもちろん、栄養バランスにも気をつかったものが、今の駅弁に求められています。食材に関する知識を深め、その食材に合った調理法を学びましょう。

用語　※ デイサービス ⇒ 福祉施設に日帰りで通う高齢者に、介護職員や看護師が行う生活支援サービスのこと。施設そのものを指す場合もある。

乗り換え案内サービス システム開発

Train Transfer Navigation System Developer

ヴァル研究所
飯塚雄基さん
入社5年目 28歳

だれもが不安なく
乗り換えができる、
そんなサービスを
つくります

目的地まで、早く、安く、楽に行きたい。そんな望みを実現するのが、WEBサイトやスマートフォンのアプリ※で行き方を検索できる、乗り換え案内サービスです。そのシステム開発をしている、飯塚雄基さんにお話をうかがいました。

用語 ※ アプリ ⇒ アプリケーションソフトウェアの略。パソコンやスマートフォンで使用するもので、よく使われるアプリに、メッセージアプリや写真撮影アプリなどがある。

Q 乗り換え案内サービスシステム開発とはどんな仕事ですか?

ヴァル研究所で開発している「駅すぱあと」は、日本初の乗り換え案内サービスです。

今から30年以上前、鉄道の乗り換えをパソコンで調べられる「駅すぱあと首都圏版」というサービスが発売されました。「出発地」と「行き先」を入力するだけで、行き方や運賃がわかる、それまでにはなかったサービスです。その後、「駅すぱあと」は日本全国の鉄道が調べられるようになり、さらに鉄道だけでなく、バスや飛行機などもふくめた乗り物も検索できるようになりました。今ではパソコン以外に、スマートフォンでも使うことができます。

ぼくは、いろいろな企業からの要望を受けて、「駅すぱあと」にその企業独自の新しい機能をプログラミング※して追加する仕事をしています。こういう仕事を「システム開発」といいます。企業が求める新しい機能には、さまざまなものがあります。例えば、通勤や出張で使った交通費を計算する機能などです。企業の要望をくわしく聞くために、営業部の人といっしょに相手先に行くこともあります。その場では、「こういった便利な機能もありますよ」と、こちらから新しいアイデアを提案することもあります。

Q どんなところがやりがいなのですか?

身近にある交通手段を、もっと便利に使うために行う仕事なので、みなさんの生活に貢献できるのがうれしいです。「乗り換えに迷うことがなくなった」とか、「最短のルートで目的地に着いた」、「交通費の精算が楽になった」などという声を聞くと、仕事のはげみになります。

また、仕事を依頼してくれる会社の要望を聞き、それに合ったシステムを考えるところから完成するまで、すべての工程に関われるのも魅力です。

仕事の進み具合はふせんに書いてホワイトボードにはり、みんなで情報を共有する。

経路検索

「駅すぱあと」のインターネット検索画面。希望条件にあった行き方を見つけてくれる。

システム開発はチームで行うのが基本。システムの設計も、全員で確認しながら行われる。

飯塚さんのある1日

09:30	出社
▼	ニュースやメールをチェックする
10:00	朝会。チームのメンバーと、その日の仕事や行き詰まっていることなどを報告し合い、共有する
10:30	利用者からの問い合わせに対応する
12:00	ランチ
13:00	システム開発と機能設計
15:00	チームメンバーと機能設計の確認
18:00	書類作成などの事務作業
19:00	退社

用語　※ プログラミング⇒コンピューターに作業を行わせるための命令（プログラム）を、専用の言語を使ってつくること。

Q 仕事をする上で、大事にしていることは何ですか？

使う人の視点に立ち、価値のあるものをつくることです。ぼくたちの仕事のゴールは、ものをつくることではなく、ものをつくって、お客さんの不便を解消することです。そのため、お客さんの悩みを聞いて、技術者の立場からいろいろな解決策を提案します。お客さんの想像よりも、もっと使いやすくて価値のあるサービスになるようにつとめています。

使いやすさという点で例をあげると、ぼくの仕事のひとつに、「ドキュメントサイト」の作成があります。これは、お客さんがシステムの使い方を確認するための、説明書のようなWEBサイトです。だいたいのドキュメントサイトは、「Aと入力すると、Bができます」といった書き方で説明されているのですが、ぼくは、「Bをしたいときは、Aと入力してください」という逆引き辞書のような書き方でつくりました。なぜなら、説明書というのは、Bのやり方がわからないときに読むものだと思うからです。

実際、わが社のドキュメントサイトはとても好評で、「知りたいことがすぐにわかる」、「使う側の視点で書かれている」と、うれしい声をたくさんもらっています。

Q 今までにどんな仕事をしましたか？

入社後は、各部署の仕事を体験したり、新人どうしで自由にアプリ開発をしたりする体験研修を受けました。その後、「駅すぱあとWebサービス」の開発チームに配属され、現在まで同チームで仕事をしています。

具体的な仕事内容としては、1年目は、ドキュメントサイトの改善や、新しいドキュメントサイトの作成をおもに行い、2年目は、「交通手段」についての悩みや、便利に移動するためのアイデアをつのるインターネット上のキャンペーンを企画し、実施しました。

本格的に、システム開発にたずさわるようになったのは、3年目からです。乗り換え案内の検索結果と、鉄道会社がつくっている運行情報のサイトを結びつけて、検索結果に表示された列車におくれがないか確認できるようにするなど、鉄道会社の要望に応えたシステムをつくりました。

現在は、そうした企業向けのシステム開発と並行して、新しく始まったアプリ開発のリーダーをまかされています。使いやすくて便利なものができるように、ひとり悩んだり、仲間に相談したりしながら、がんばっています。

Q なぜこの仕事を目指したのですか？

大学と大学院では情報工学を学び、これからの未来を考えた、「ICT※を使ったものづくり」を仕事にしたいと考えるようになりました。プログラミングの技術を使う仕事です。

じつをいうと、ぼくが生活のなかで鉄道を使うようになったのは大学に入ってからなんです。中学校も高校も、家から近かったので、ほとんど鉄道を使うことはありませんでした。ところが大学生になって利用するようになると、鉄道の乗り換えはとても複雑で、困ることがよくありました。

情報工学の知識と鉄道通学の経験のどちらも活かせそうと感じたのが、乗り換え案内サービスの開発でした。ふだん感じている、乗り換えの不安を、学んできた技術で解消する点が、自分にぴったりだと思いました。なかでもヴァル研究所は、若手社員とベテラン社員の垣根がなく、何でも言い合える雰囲気が気に入りました。ここなら自分のやりたい事を、やらせてもらえるのではないかと思ったんです。

PICKUP ITEM

毎月発売される『JR時刻表』。インターネット上でも確認できるが、保存用の資料として会社が購入。このほかさまざまな鉄道会社の時刻表が、会社の書庫に保存され、サービス開発に活用されている。

・JR時刻表・

用 語　※ ICT ⇒情報通信技術の略。インターネットの通信技術を使った、産業やサービスのこと。

Q 仕事をする上で、難しいと感じる部分はどこですか？

システム開発の仕事は、簡単に「正解がわからない」ことが当たり前です。企業がかかえている悩みを解決する方法はひとつではないからです。たくさんある可能性のなかから、企業にとって、もっともよいと思う方法を時間をかけて探していきます。正解を探す手段のひとつが、お客さんである各企業との対話です。最初から完璧を目指すのでなく、試作版ができたらお客さんに使ってもらって、意見や感想をもらいます。これをくりかえし、修正するところがなくなったとき、はじめて「正解」が出るのです。そうやってぼくたちは、快適に使えるシステムをつくっていきます。

Q ふだんの生活で気をつけていることはありますか？

鉄道やバスを使って移動するときは、自分が感じた不便さを、「こうだったらいいな」とか、「これがあると便利なのに」と解決策に変えて考えるようにしています。

例えば、ぼくは満員列車がとても苦手なので、ふだんはなるべく人の多い列車に乗らないようにしています。やむを得ず、混雑した列車に乗ってしまった場合、苦痛で不満ばかりがつのります。そんなときは、発想を転換して「どうやったらこの混雑をさけられるのか」、「もっと快適に移動するにはどうしたらよいか」と考えるんです。すると、新たな検索方法のアイデアにつながります。混雑した列車に乗る苦労も、むくわれますよね。

Q これからどんな仕事をしていきたいですか？

これからの日本の「移動」のあり方を考え、世の中に貢献できたらと考えています。

地方では、高齢者は増える一方なのに、移動の手段がとても少なく、買い物や病院に行くのに困っている人がたくさんいます。自動車をもっていても、高齢になって免許を返納すると運転できません。そんなときに有効なのが「デマンドバス」と呼ばれる移動手段です。決まった路線を走るのでなく、利用者がコールセンターなどに連絡し、その呼び出しに応じてルートを変えながら運行されるバスのことです。このような新しい移動手段と鉄道での移動を組み合わせ、「駅すぱあと」のシステムを使って新しいサービスをつくっていきたいです。

社内には、会社で決められた「行動指針」を示したポスターがはられている。

乗り換え案内サービスシステム開発に関わるには……

システム開発に必要なプログラミング技術は、通信工学や情報工学系の大学・専門学校で学べます。さらに、大学院に進むことでより専門的な知識や、実践的な知識を得ることもできます。プログラミング技術、鉄道に関する知識は、就職の際の必須ではありませんが、できれば大学生の間に身につけておいた方がいいでしょう。

```
高校
  ↓
大学・専門学校（通信工学、情報工学系）
  ↓                    ↓
                      大学院
  ↓                    ↓
開発者としてシステム開発会社などに就職
```

Q この仕事をするには どんな力が必要ですか？

初めて見たものを「おもしろい」と感じる好奇心や、好きなことに全力で取り組む力が必要です。ぼくは、システム開発に必要なプログラミングの技術を、学生時代ほとんど勉強していませんでした。でも、会社に入って、どんどんおもしろくなり、最終的に業務とは無関係の「キッチン管理アプリ」までつくってしまいました。コーヒーやミルクの在庫を管理するアプリで、少なくなると自動的に発注されるんです。これは社内で好評で、今も使われているんですよ。

また、要望の本質を見極める力も必要です。例えば、「この駅まで、鉄道を乗りついで行く方法を教えて」と言われたとします。このとき相手が本当に知りたいのは、楽な方法なのか、早くたどり着く方法なのか、または安く行ける方法なのか。それを見極められると、相手の要望にきちんと応えることができるからです。

飯塚さんの夢ルート

小学校 ▶ タクシーの運転手

タクシー独特のにおいが
特別感があって好きだったから。

▼

中学校 ▶ とくになし

自分が何になりたいのか考え始めた時期で、
まだ何も決められなかった。

▼

高校 ▶ ものづくりの仕事

ものづくりに興味をもち始め、
工学系の大学を目指した。

▼

大学・大学院 ▶ ICTエンジニア

大学で情報通信技術を学んだので、
その知識を活かしたかった。

Q 中学生のとき、 どんな子どもでしたか？

学習面では、どの科目も平均並みの成績でしたが、強いて言えば、得意科目は数学、苦手科目は社会でした。塾には通っていなかったので、授業の時間は集中して先生の話を聞き、宿題は必ずやることを心がけていました。

部活は、小学校から水泳を続けていたので、中学校でも水泳部に入りました。部員が5名しかいない、小規模な部活でしたが、自分たちでトレーニングメニューを考えて、一生懸命練習に取り組みました。その結果、夏の大会ではリレーで県大会に進出することができたんです。今でも忘れられないよい思い出です。

当時はクロスワードパズルやジグソーパズルなど、思考をめぐらせて解くようなパズルが大好きでした。将来の夢や職業についてはあまり考えておらず、とくにやりたい仕事はありませんでした。でも、もしかしたらパズル好きな一面が、現在の仕事を目指す原点だったかもしれませんね。完成形を目指し、ひとつひとつ組み立てていくというパズルの作業は、プログラミングとちょっと似ているんです。

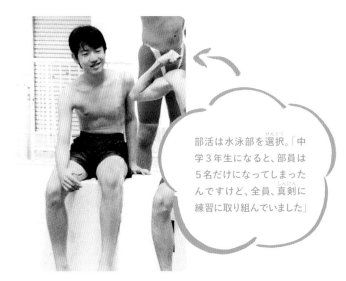

部活は水泳部を選択。「中学3年生になると、部員は5名だけになってしまったんですけど、全員、真剣に練習に取り組んでいました」

パズルが好きだった中学生時代。解けたときの達成感を味わうのが楽しかった。

Q 中学のときの職場体験は、どこに行きましたか？

中学1年生か2年生のときに、「3days」という名前の職場体験がありました。先生が用意した体験先リストのなかから行きたい企業や店舗などを選び、数人ずつのグループで3日間、業務を体験するプログラムです。

ぼくは近所の自転車専門店に行きました。体験したのは、在庫の確認や商品の陳列、タイヤの空気入れ、パンクの確認とチューブ交換、自転車の試乗などです。

Q 職場体験ではどんな印象をもちましたか？

働くということは、その仕事のプロになることなんだと思いました。ぼくたちを指導してくれた人は、「自転車博士」と呼べるほど、自転車についてくわしい人でした。いろいろな知識や技術をもっていて、お客さんのどんな質問にも的確に答えていました。お客さんが快適に移動できるように、最高のサービスを提供していたと思います。

今のぼくの仕事も、手段はちがいますが、「サービスを提供する」という目的は同じです。お客さんの要望にプロとして全力で応えたいと思っています。こうした考え方の根底には、職場体験からの影響があるのかもしれません。

Q この仕事を目指すなら、今、何をすればいいですか？

中学生時代に学んだことは、そのときは何の役に立つのかわからなくても、社会に出てから意外なところで必要になります。ですから、多くを学ぶために、自分なりに「楽しい」と思える方法を見つけてください。自分流の暗記方法やノートのとり方が見つかると、勉強は楽しくなります。

また、人と話す機会を大切にしてください。相手の立場で考えて話す力を身につけられると、社会に出てからとても役立ちます。ぼくの場合は、水泳部の仲間と、とことん話し合って練習に取り組んでいたことが、今のコミュニケーション能力の土台になったと思っています。

お客さんの想像をこえる使いやすさを実現する。僕が求める理想のシステム開発です

－ 今できること －

ふだんの暮らし

乗り換え案内サービスは、目的地までの移動方法を検索することができます。しかし、その検索方法や、示される行き方は、使うサービスによって、少しずつちがいます。さまざまな乗り換え案内サービスを実際に使ってみて、どういった機能があるのか、その機能を求めている人はどんな人なのかを考えてみることは、アプリを開発するときに活きてきます。

また、日本各地で行きたい場所を選び、効率よく移動できる旅行プランを立ててみるのもよいでしょう。

国語 ドキュメントサイトをつくるのは、必要な情報を正しく読み取り、組み立てる作業です。作文や説明文を書き、文章をつくるときに必要な構成力を身につけましょう。

社会 アプリの開発には、そのアプリを通して世の中をもっとよくしたいという気持ちが大切です。社会にどのような問題があるのか、考えてみましょう。

数学 アプリをつくるためのプログラミングには数学の計算や、論理的に考える数学的思考が欠かせません。中学で習う数学は、アプリ開発の基礎となるので大切です。

技術 コンピューターの基本的な情報処理の仕組みを学べます。簡単なプログラム作成にも挑戦してみましょう。

鉄道カメラマン

Railway Photographer

レイルマンフォトオフィス
山下大祐さん
入社7年目 32歳

鉄道の写真で
感動を呼び起こすのが
鉄道カメラマンの
仕事です

鉄道カメラマンは、鉄道に関わる写真を撮影します。そして、1枚1枚に、人々の暮らしや旅の楽しさ、移りゆく季節など、心をゆさぶる景色を切り取ります。鉄道写真事務所のレイルマンフォトオフィスに所属する、山下大祐さんにお話をうかがいました。

Q 鉄道カメラマンとは どんな仕事ですか？

鉄道会社や出版社などから依頼されて、鉄道の写真や、列車内の写真を撮るのがおもな仕事です。

鉄道会社からは、翌年のカレンダー用の写真や、宣伝用に使う写真を依頼されます。カレンダー用の写真は、見ただけで季節を感じるようなものを撮らなければなりません。そのため、列車といっしょに季節を感じられる自然やイベントなどが入れられる場所をさがし、1年かけて撮影します。

出版社から依頼されるのは、カメラ雑誌や鉄道を紹介する本や雑誌、鉄道写真の撮り方を説明する本といったものです。どんな写真を使いたいのか聞いて、希望に合ったものを提供します。本の内容に合う写真を撮るために、文章を書くライターやページをつくる編集者といっしょに取材に行くこともあります。

また、さまざまな鉄道写真を撮りためておくのも重要な仕事です。出版社などから急に写真を求められたとき、希望に合うものをすぐに渡せるようにするためです。日本には、北から南までたくさん鉄道があるので、撮影のためにまとまった時間をつくって、各地をめぐります。

Q どんなところが やりがいなのですか？

持ち歩く撮影の機材が多いので、ふだんは車を使って移動していますが、たまに鉄道で移動することがあります。そんなとき、駅や車内で自分の撮った写真を見かけると、誇らしい気持ちになり、またがんばろうと思いますね。

また、鉄道好きの子どもたちが読む本に自分の写真が使われると、純粋にうれしいですね。ぼくが撮った写真を見て喜ぶ子がいると思うと、苦労のしがいがあります。

山下さんの写真が使われた鉄道会社のカレンダー（上）とカメラメーカーのリーフレット（下）。

撮影場所に着いたら構図※を決めてカメラを準備。列車を待つ。

列車が近づいてくる音を聞きながらカメラを構える。見えた瞬間シャッターを切り始める。

事務所にもどり、撮った写真をパソコンで確認。写真を選び、色や明るさを調整して依頼者に送る。

山下さんのある1日

05：00	始発列車の撮影
06：00	列車の撮影
08：30	朝食
09：50	出社。メールのチェックをする
10：00	撮影した写真をパソコンで確認して色や明るさを調整した後、写真の依頼者に画像を送る
13：00	ランチ
14：00	撮った写真の説明文を書いたり、撮影予定の鉄道について調べたりする
16：00	新しい仕事の打ち合わせ
19：00	事務作業をしてから退社

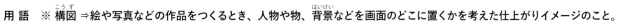
用 語　※ 構図 ⇒絵や写真などの作品をつくるとき、人物や物、背景などを画面のどこに置くかを考えた仕上がりイメージのこと。

Q 仕事をする上で、大事にしていることは何ですか？

自分が納得できる写真を提供することです。写真のよし悪しは見た人が決めるものですが、まずは自分が胸を張ってよいと思える写真であることが、いちばん大事だと思っています。

また、まわりに気を配ることも忘れないようにしています。鉄道写真の撮影現場では、趣味として楽しんでいる人も大勢います。みんなよい写真を撮りたいので、つい場所の取り合いになりがちです。しかし、そこでトラブルになってはいけないので、前に出て撮りたいときは一言声をかけるなど、必ずコミュニケーションをとるようにしています。

そのほか、安全を確認することも大事です。列車の写真を撮ることばかりに気をとられ、がけから落ちてしまったり、川に落ちてしまったりしては大変です。ぼくに写真を依頼してくれた人や、会社にも迷惑がかかってしまいます。そうならないように、十分注意をはらいながら撮影するようにしています。

Q なぜこの仕事を目指したのですか？

幼いときから鉄道が好きで、小学生のころは休みの日になると、友だちと近くの駅まで出かけては、親に借りたカメラで鉄道を撮影していました。鉄道の図鑑や雑誌も好きでいつも読んでいたのですが、中学生になったとき、そこにのっている写真は、プロの「鉄道カメラマン」が撮った写真だと知ったんです。自分も撮ってみたいと思い、おこづかいとお年玉を貯めたお金で初めて小さいカメラを買いました。

高校では写真部に入り、鉄道に限らずさまざまな写真を撮っていました。近所の写真店でアルバイトをしてお金を貯め、本格的なフィルム式の一眼レフカメラ※を買ったのもよい思い出です。撮影の技術は、『鉄道撮影 ハイテクニック＆実践ガイド』という本を読んで、自分で覚えました。

これだけ鉄道とカメラが好きだったにも関わらず、鉄道カメラマンになるんだと決心したのは大学生になってからなんです。将来について真剣に考えるようになってようやく決意が固まりました。

ちなみに、中学時代にあこがれた鉄道カメラマンは、今ぼくが所属している事務所の社長、山﨑友也なんですよ。

Q 今までにどんな仕事をしましたか？

大学を卒業してから4年間は、会社に所属せず、個人で仕事を受けるフリーカメラマンとして働いていました。仕事は、学校の修学旅行や運動会で生徒たちのようすを撮る、学校写真の撮影がほとんどでした。鉄道の専門誌から依頼されて撮ることもありましたが、それほど多くはなかったです。

このままでは、鉄道カメラマンとして成長できないかもしれないと思っていたとき、今の会社に空きが出たことを知り、入社を希望して入りました。

Q 仕事をする上で、難しいと感じる部分はどこですか？

スケジュールの調整が難しいです。撮影日に雨が降ってしまったら、その日は撮影できません。また、撮影する予定だった列車が、何らかの理由でその日は走らないということもあります。どちらの場合も、別の日に撮影することになるので、撮影以外の予定も見直さなけれなりません。しかも、新たに決めた撮影日も本当に天気は晴れるのか、列車は走ってくれるのか、わからないのです。

そのため、スケジュールには十分な余裕をもたせ、何が起きても対応できるように準備しています。

偶然めずらしい形の特急列車が近くの駅を通ることがわかり、移動してさっそく撮影。

鉄道写真の撮り方を解説した本。「鉄道カメラマンとしての基礎を学んだ大切な本です」

用語 ※ 一眼レフカメラ⇒レンズから見える景色をカメラ内の鏡に映し、ファインダー（覗き窓）から確認できるカメラ。フィルム式カメラは、撮影したものをフィルムに記録する。

Q ふだんの生活で気をつけて いることはありますか？

撮影は、早朝に行う日もあれば、深夜に行う日もあります。起きる時間と寝る時間が決まっていないので、どうしても生活が不規則になりがちです。不規則が続くと風邪を引きやすくなってしまうので、体調管理には気をつけています。せっかく晴れてよい写真が撮れそうな日に、自分の体調不良のせいで撮影ができなかったら、鉄道カメラマンとして失格だと思うからです。

ほかにも、列車に乗るときは、ホームからの景色や、車窓からの景色をよく見るようにしています。また、歩いていて列車の音が聞こえたら、行ってみるようにしています。列車を撮るのにちょうどよい撮影場所を発見できたり、いつもとちがう発想がわいたりするからです。

Q これからどんな仕事を していきたいですか？

今のぼくの仕事は、鉄道専門誌にのせる写真や、鉄道会社のポスターに使われる写真を撮ることが大部分をしめています。依頼された写真を、もっともよい構図で撮って要望に応えるという仕事です。鉄道カメラマンとして、これはとても価値があります。しかし、一方で、自分が本当に撮りたい写真を撮り、その写真で世間に認められたいという気持ちもあるんです。鉄道に興味がない人にも、「すてきだな」と思ってもらえるような、芸術作品としての鉄道写真を発表していけたらいいなと思っています。

また、鉄道は日本だけのものではありません。世界各地にあるさまざまな鉄道を写真に撮って、世界中の人に発信するような活動もしていきたいですね。

「撮影日、外に出て晴れているとほっとします」と話す山下さん。

時間が空くと、近くの駅で、目的以外の列車も撮影できないかと、スマートフォンで時刻表を調べる。

撮影機材一式とカメラバッグ

PICKUP ITEM

カメラや三脚、望遠レンズなど、山下さんが撮影でいつも持ち歩く機材一式。専用のカメラバッグは数十kgになる場合も。

鉄道カメラマンになるには……

鉄道カメラマンになるには、写真の基本的な知識が必要です。まずは、写真を学べる芸術大学や専門学校に進みましょう。なかには、カメラマンの事務所でアシスタントとして経験を積み、プロとして独立する人もいます。また、学生時代にカメラマンのアシスタントとしてアルバイトをする人もいます。鉄道カメラマンには、事務所に所属せず、個人で活動する人も多くいます。

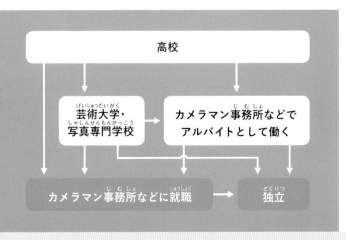

```
                    高校
                  ↙        ↘
芸術大学・        カメラマン事務所などで
写真専門学校  →  アルバイトとして働く
        ↓                  ↓
カメラマン事務所などに就職  →  独立
```

Q この仕事をするにはどんな力が必要ですか？

自分の魅力を、言葉で表現する力が必要です。人は、魅力的なカメラマンの方がよい写真を撮るだろうと考えます。自分のよいところを理解してもらえると、いろいろな会社から撮影を頼まれるようになるんです。依頼が増えるということは、写真を披露する場が増えるということですから、より多くの人に自分の写真を見てもらうチャンスが広がります。一流といわれるカメラマンは、自分自身をアピールするのがとても上手なんです。

日本人は、「自分はたいしたことありません」と、謙遜してしまいがちです。しかし、よい面をかくしてしまうのはもったいないと思います。人と比べてよいか悪いかではなく、自分自身の魅力を上手に言葉にできるとよいですよね。

「自分のよいところをみつけて、のばす力も、もちろん必要ですよ！」と山下さん。

山下さんの夢ルート

- **小学校 ▶ 鉄道模型メーカー**

列車を見るのが好きだった。

▼

- **中学校・高校 ▶ とくになし**

鉄道カメラマンという職業は知っていたが自分がなれるとは思わなかった。

▼

- **大学 ▶ 鉄道カメラマン**

将来の仕事を真剣に考えるようになり夢を叶えたいと思うようになった。

Q 中学生のとき、どんな子どもでしたか？

当時はお笑いが好きだったので、吉本新喜劇※や、漫才のパターンを覚えて、友だちとまねして遊んでいるような生徒でした。部活は、水泳部を選びました。小学生のときから、近くのスイミングスクールに通っていたこともあり、中学3年生のときは主将にも選ばれました。熱心に練習にはげむ3年間だったと思います。

鉄道好きだったぼくのために、親はよくいろいろな場所へ列車を見に連れていってくれました。中学生になり、初めて列車を撮るために自分のお金でカメラを買ったのですが、勉強や部活でいそがしく、なかなか行けませんでした。そのため、友だちや風景の写真も撮るようになりました。卒業式の日には、学校にカメラを持っていって、みんなの写真を撮ったのがよい思い出です。

部活でいそがしかった中学生時代。練習が無い日は、駅で列車の写真を撮っていた。

山下さんが中学生時代に撮影した写真。

Q 中学のときの職場体験は、どこに行きましたか？

最長1週間、仕事をさせてもらう「トライやるウィーク」という体験授業が、2年生のときにありました。先生が用意してくれたリストから、ぼくは花屋さんを選び、3～4日間お手伝いさせてもらいました。理由は、家から近かったからです。

本当は駅の案内業務など、鉄道関係の仕事をしてみたかったのですが、希望者が多くあきらめました。

用語 ※吉本新喜劇⇒芸能事務所「吉本興業」に所属するお笑い芸人によって公演される舞台喜劇のこと。

Q 職場体験では どんな印象をもちましたか？

いろいろな色の花束に囲まれて仕事をするのが花屋さんだと思っていたのですが、行ってみたら植木や土の方が多くて、「こんなものなのか」というのが第一印象でした。カラフルではなやかな職場だと考えていたので、想像とのちがいが新鮮で、むしろおもしろく感じました。

仕事としては、商品に値札をつけたり、苗を植えかえたり、掃除をしたりしました。しかし、お客さんの対応や、専門的な仕事はさせてもらえませんでしたね。

中学生なので当然のことなのですが、そのときはできることが少なく、自分の力不足を思い知らされたような気がしました。同時に、仕事をしている人を見ると尊敬する気持ちが生まれました。

Q この仕事を目指すなら、 今、何をすればいいですか？

目標への挑戦と達成のくりかえしを経験しておくとよいと思います。自分のいる場所より少し上の目標を決めて、そのためにがんばるんです。それが達成できたら、また少し上の目標を決めてがんばります。これをくりかえすうちに、高い場所へ行くことができ、夢に近づけると思います。

また、鉄道やカメラのことだけでなく、いろいろなことに興味をもつようにしてほしいです。ぼくは、鉄道カメラマンになりたいという夢からはなれた時期もありましたが、そのとき熱中したことも、鉄道カメラマンとしての感性をみがいてくれたと思うからです。

花屋さんに職場体験に行ったときのようす。右が山下さん。

駅や鉄道の車内
本のなかに
自分の写真があると
誇らしい気持ちになります

－ 今できること －

ふだんの暮らし

人の心を動かす写真を撮るためには、カメラマンとしての豊かな感性が大切です。映画を観る、読書をする、旅をする、新しいことをするなど、ひとつひとつの経験すべてが感性をみがくことにつながるはずです。

また、時間帯や天候、角度などによって列車の見え方がどう変わるのか考えて、鉄道を観察してみましょう。もしデジタルカメラやスマートフォンを持っているなら実際に撮り、比べてみるとよいでしょう。チャンスを逃さないように、休みの日は持ち歩くことをおすすめします。

社会
鉄道カメラマンは、日本全国をまわって写真を撮ります。地理を学び、各地の地形や自然、気候について勉強しましょう。鉄道は世界各地で使われているものなので、日本だけでなく、世界の地理についても学びましょう。

美術
さまざまな芸術作品にふれ、構図やもののかたち、色彩、光の性質などを学びましょう。教科書に出てくる美術作品や絵画の実物を見るために、美術館や博物館に足を運んで鑑賞するのも、勉強になります。

体育
鉄道写真家は遠い場所へと移動することが多く、動き続けるための体力が必要です。日ごろから運動することを欠かさず、基礎体力をつけておきましょう。

仕事のつながりがわかる
鉄道の仕事 関連マップ

ここまで紹介した鉄道の仕事が、
それぞれどう関連しているのか、見てみましょう。

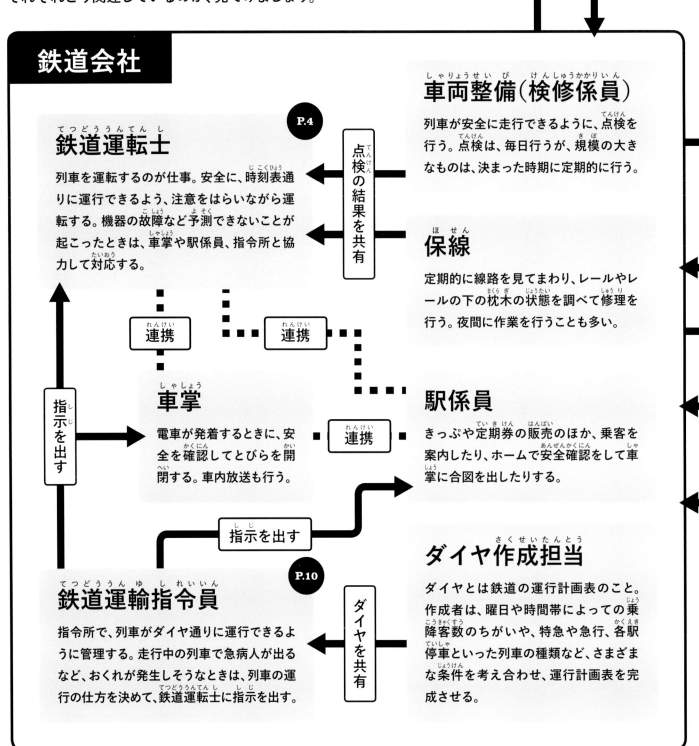

鉄道会社

鉄道運転士　P.4
列車を運転するのが仕事。安全に、時刻表通りに運行できるよう、注意をはらいながら運転する。機器の故障など予測できないことが起こったときは、車掌や駅係員、指令所と協力して対応する。

車両整備（検修係員）
列車が安全に走行できるように、点検を行う。点検は、毎日行うが、規模の大きなものは、決まった時期に定期的に行う。

点検の結果を共有

保線
定期的に線路を見てまわり、レールやレールの下の枕木の状態を調べて修理を行う。夜間に作業を行うことも多い。

連携　連携

車掌
電車が発着するときに、安全を確認してとびらを開閉する。車内放送も行う。

連携

駅係員
きっぷや定期券の販売のほか、乗客を案内したり、ホームで安全確認をして車掌に合図を出したりする。

指示を出す

指示を出す

鉄道運輸指令員　P.10
指令所で、列車がダイヤ通りに運行できるように管理する。走行中の列車で急病人が出るなど、おくれが発生しそうなときは、列車の運行の仕方を決めて、鉄道運転士に指示を出す。

ダイヤを共有

ダイヤ作成担当
ダイヤとは鉄道の運行計画表のこと。作成者は、曜日や時間帯によっての乗降客数のちがいや、特急や急行、各駅停車といった列車の種類など、さまざまな条件を考え合わせ、運行計画表を完成させる。

P.16

鉄道車両製造

鉄道車両に必要な機能を考えて、設計する。完成した設計図に基づいて、部品を組み立てていき、電線の配線を行う。最後に車両を支える台車を取りつけて、車両ができあがる。

車両の製造を依頼

車両を納品

P.34

鉄道カメラマン

鉄道会社や出版社からの依頼で、列車が走っている姿を撮影したり、車内のようすを撮影したりする。撮影した写真は鉄道会社の場合はポスターやカレンダー、出版社の場合は写真集や図鑑に使用される。

出版社

鉄道の写真集や図鑑を企画し、鉄道カメラマンに撮影を依頼する。どんな列車の写真を本にのせるかや、本の内容をカメラマンと相談する。

写真撮影を依頼

写真撮影を依頼

写真を納品

写真を納品

カレンダーを販売

カレンダーを購入

列車を利用

本を購入

本を販売

利用者

サービスを提供

駅弁を販売

駅弁を購入

サービスを利用

P.22

駅弁開発

駅弁の新商品を開発する。乗客が列車での食事を楽しめるように、味つけや盛りつけ、容器のデザインを考え、衛生面の心配がないように、食材や調理方法にも気を配る。完成した弁当は駅の販売所や列車の車内で販売される。

P.28

乗り換え案内サービスシステム開発

目的地まで、どんなふうに鉄道を乗りつぐとよいか、インターネットで検索できるサービスを開発する。ダイヤが改正されると、それに合わせてサービスを変更する。

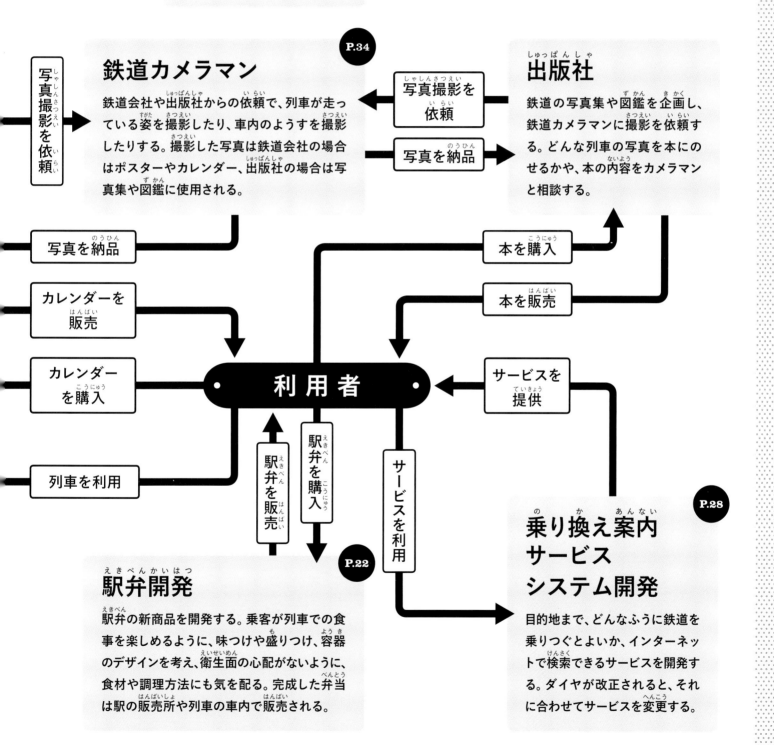

鉄道を知ることは
今の日本を知ること

▶ 鉄道は国を支える超巨大産業

鉄道は人々の生活や産業を支える基盤であり、日々、たくさんの人や物を動かしてこの国を支えています。鉄道に関する仕事で、真っ先に思いつくのは車掌や運転士ではないでしょうか。しかし、それは鉄道関連の仕事のほんの一部でしかありません。

この巻には、運転士はもちろん、鉄道関連のさまざまな仕事が登場します。鉄道は、巨大産業で、多くの仕事を生み出しているのだということを、まずは知っておいてほしいと思います。

日本の鉄道は世界的に見ても安全で正確な時刻で運行されることがわかります。例えば、東海道新幹線は1964年の開業以来、約64億人が利用していますが、乗客が死傷にいたる列車事故はゼロ件です。しかも、遅延時間の平均は1分以内です。日本では鉄道は時間通りに走って当たり前ですが、初めて来日した外国人観光客は、時間通りに到着する列車におどろくそうです。このように日本の鉄道技術は世界に誇れるものなので、車両や運行技術が海外へも輸出されているのです。

▶ 鉄道が社会の動きを示している

鉄道の路線を廃止することを「廃線」といいます。沿線の人口減少や、自家用自動車の普及で乗客が少なくなり、そのため列車の本数を減らすと、今度は本数の少なさが原因で乗客がほかの交通手段に移ってしまう……。このような負の連鎖におちいり、経営が成り立たなくなった路線は、これまで次々に廃線されてきました。

乗客の減少が続く鉄道を、ライトレール（LRT）によってよみがえらせた富山市の取り組みが、近年改めて注目を集めました。LRTとは、Light Rail Transit の略で、車両や軌道に最新の技術が反映された、次世代型の路面電車のことです。富山市では2006年にLRTが運行を開始しまし

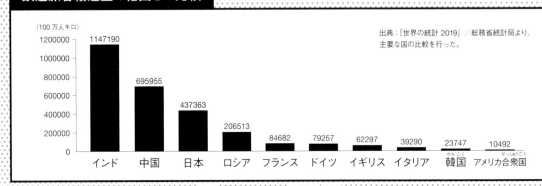

鉄道旅客輸送量の他国との比較

(100万人キロ)

出典：『世界の統計 2019』／総務省統計局より、主要な国の比較を行った。

国	鉄道旅客輸送量
インド	1147190
中国	695955
日本	437363
ロシア	206513
フランス	84682
ドイツ	79257
イギリス	62297
イタリア	39290
韓国	23747
アメリカ合衆国	10492

日本の人口は約1.2億人で、鉄道旅客輸送量は、世界第3位。1位のインドの人口が約13.39億人、2位の中国が約13.86億人であることを考えると、日本は人口のわりに、鉄道をよく利用する国だといえる。

※「人キロ」は、鉄道に乗車した人数と、客が乗った距離をかけた数。鉄道の輸送量を比較するときに使う単位。上の表だと、インドは1兆1471億9000万人キロということになる。

富山県の富山市内を走るLRT「ポートラム」。もともと「JR富山港線」という鉄道があった場所を整備して、LRTとして再出発した。このほかに「セントラム」、「サントラム」と富山市のLRTは3路線がある。LRTの利用者数は、鉄道だったころに比べて平日は約2.1倍、休日は約3.4倍にのびた（2016年3月末時点）。

た。それ以来、LRTの沿線地域や中心市街地の活性化を目指して、コンパクトな町づくりを行ってきました。LRTは二酸化炭素排出量やエネルギー消費量が少なく、音も静かで大きくゆれることもありません。また、車両の低床化などによってバリアフリー化に対応しており、環境と人に優しい移動手段でもあります。

これにより、市の中心部を移動する高齢者が増えました。また、週末には市内をLRTで移動する観光客も増加し、町が少しずつ活気を取りもどしてきているそうです。

運転免許を自主返納する高齢者が増えている今、鉄道の存在が再評価されています。今後、LRTを導入する予定の地方都市も複数あるといいます。鉄道が、社会の変化を映し出している一例といえるでしょう。

▶ 性別に関係なく活躍できる鉄道業界

この巻には、女性の運転士が登場します。彼女はこう言

っています。「就職活動をしていたとき、さまざまな事業を手がけていて、多くのことに挑戦できそうな会社に就職したいと思っていました。いろいろな会社について調べるうち、鉄道会社は、鉄道事業だけでなく、さまざまな分野でビジネスを行っていたので興味をもちました」。事業のはばが広いことは大きな魅力であり、多様な人材が求められていることの現れでもあります。

最近では、在来線で女性の運転士を見かけることも増えました。反対に東海道新幹線では男性の販売パーサーが増えました。鉄道業界は、性別に関係なく活躍できる場が広がっています。

鉄道業界を目指す生徒には、注目しておいてほしいことがあります。それは、鉄道の専門高校や専門学校の存在です。やりたい仕事によっては、短大や大学ではなく、専門的な知識を学べる学校に進んだ方がよい場合があります。鉄道の仕事に興味がある人は、自分がどうやって希望の職種を目指すのか、具体的に考えてみてください。

PROFILE
プロフィール
玉置 崇
たまおき たかし

岐阜聖徳学園大学教育学部教授。
愛知県小牧市の小学校を皮切りに、愛知教育大学附属名古屋中学校や小牧市立小牧中学校管理職、愛知県教育委員会海部教育事務所所長、小牧中学校校長などを経て、2015年4月から現職。数学の授業名人として知られる一方、ICT活用の分野でも手腕を発揮し、小牧市の情報環境を整備するとともに、教育システムの開発にも関わる。
文部科学省「校務におけるICT活用促進事業」事業検討委員会座長をつとめる。

構成／林孝美

さくいん

【取材協力】

東日本旅客鉄道株式会社　https://www.jreast.co.jp/
西日本旅客鉄道株式会社　https://www.westjr.co.jp/
株式会社総合車両製作所　https://www.j-trec.co.jp/
株式会社ジェイアール東海パッセンジャーズ　https://www.jr-cp.co.jp/
株式会社ヴァル研究所　https://www.val.co.jp/
有限会社 レイルマンフォトオフィス　http://railman.sakura.ne.jp/

【写真協力】

ジェイアール東海パッセンジャーズ　p23
ヴァル研究所　p30
レイルマンフォトオフィス　p36、38
PIXTA　p43

【解説】

玉置 崇 (岐阜聖徳学園大学教育学部教授)　p42-43

【装丁・本文デザイン】

アートディレクション／尾原史和
デザイン／石田弓恵・加藤 玲

【撮影】

平井伸造

【執筆】

高橋秀和　p4-9、22-27
田口浩次　p16-21
小川こころ　p28-33
遠山彩里　p34-39
林 孝美　p42-43

【企画・編集】

西塔香絵・渡部のり子 (小峰書店)
常松心平・和田全代・一柳麻衣子・中根会美・三守浩平 (オフィス303)

キャリア教育に活きる!

仕事ファイル22
鉄道の仕事

2020年 4 月 7 日　第 1 刷発行
2022年 2 月20日　第 2 刷発行

編　著　小峰書店編集部
発行者　小峰広一郎
発行所　株式会社小峰書店
　　　　〒162-0066東京都新宿区市谷台町4-15
　　　　TEL 03-3357-3521　FAX 03-3357-1027
　　　　https://www.komineshoten.co.jp/
印　刷　株式会社精興社
製　本　株式会社松岳社

©Komineshoten
2020 Printed in Japan
NDC 366 44p 29×23cm
ISBN978-4-338-33302-3